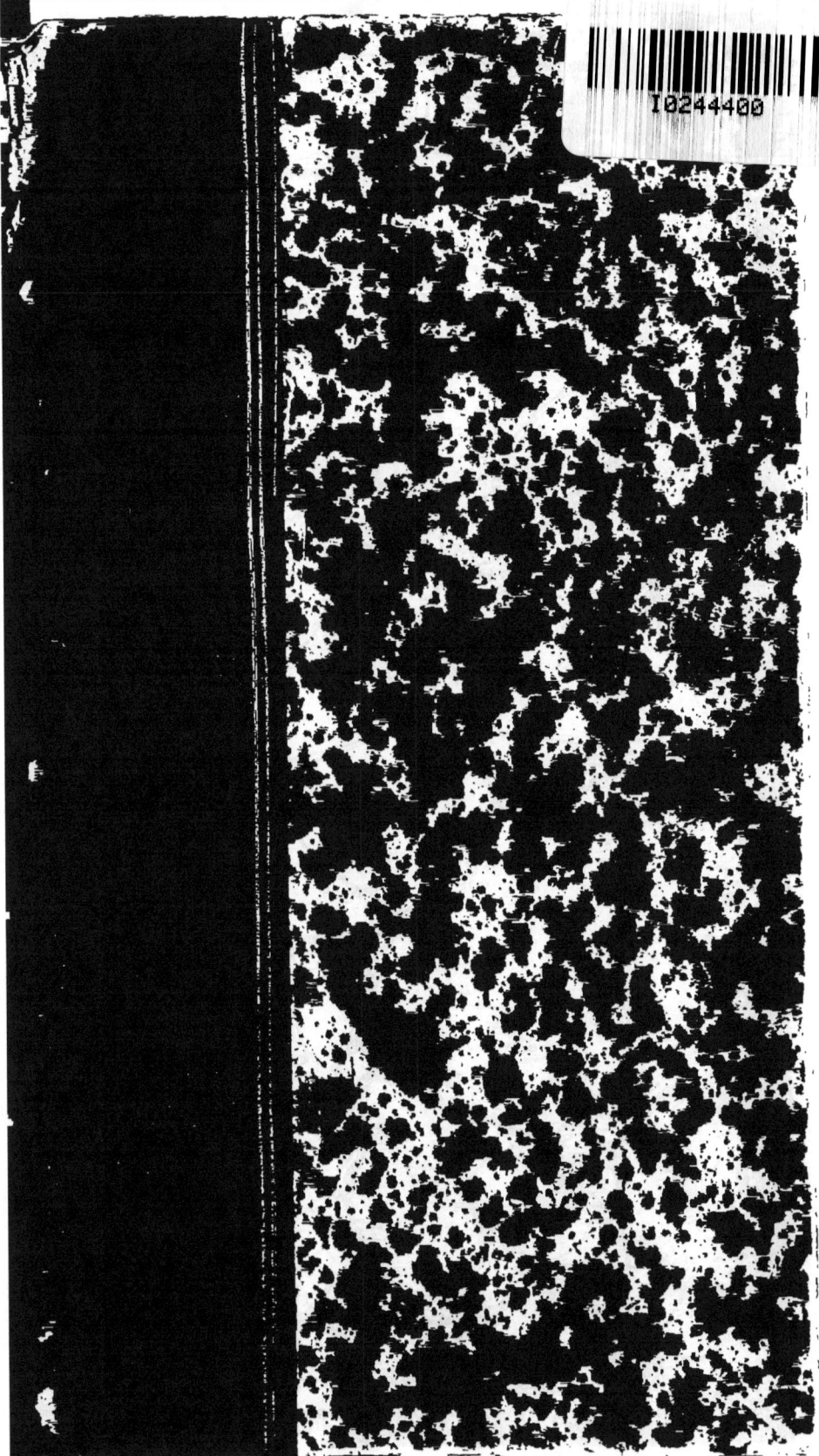

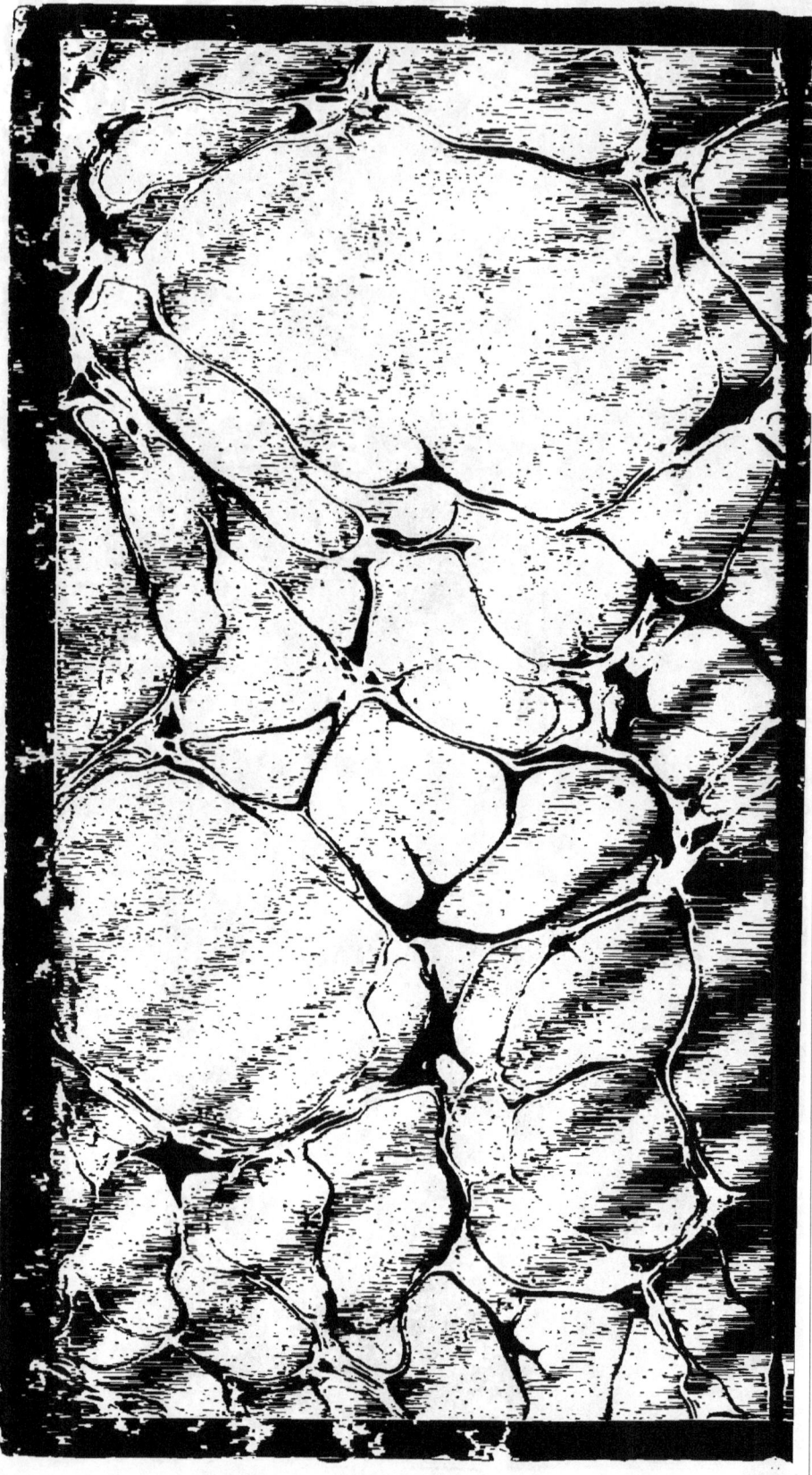

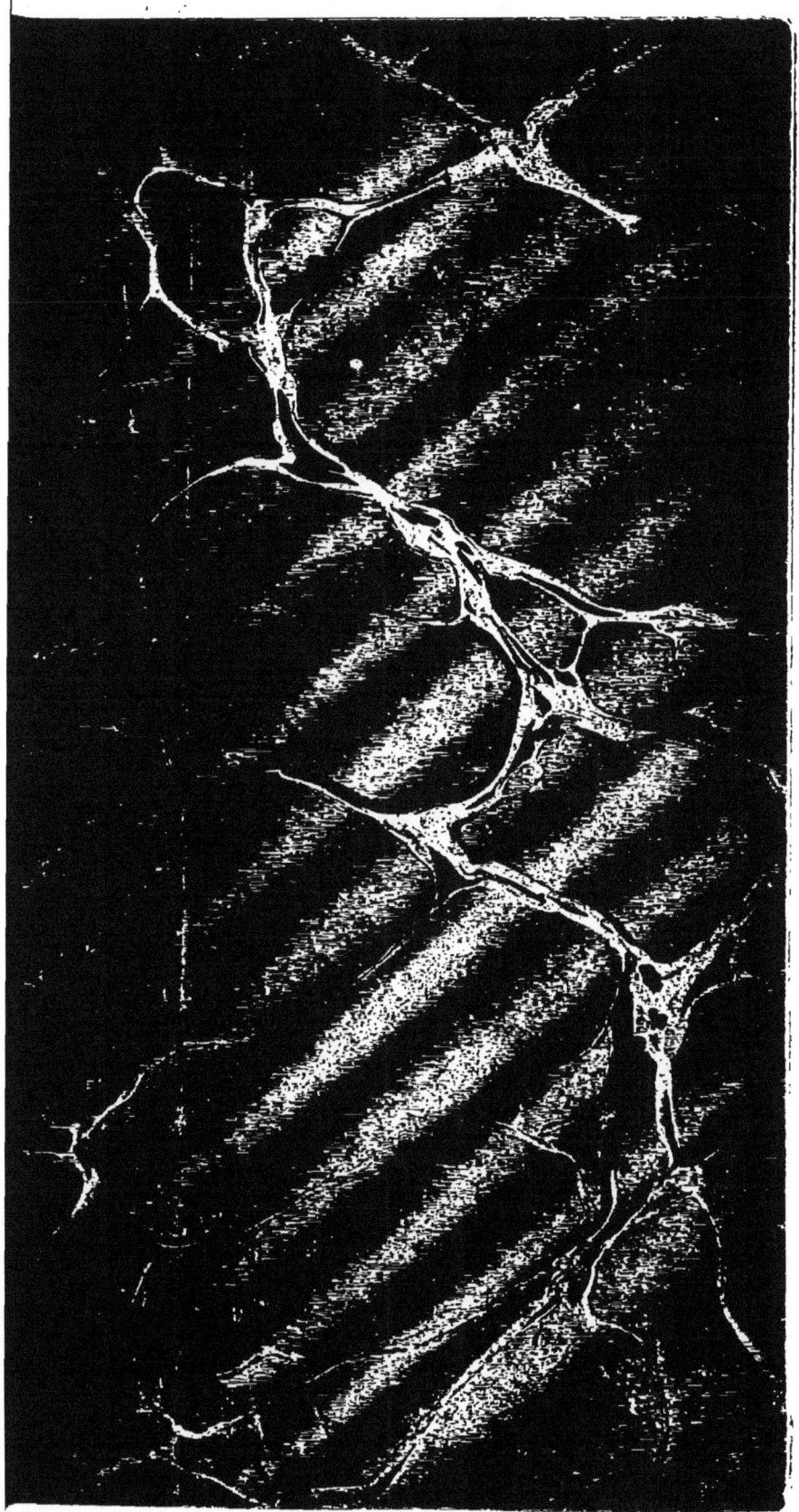

POÉSIES
DE
ARMAND SILVESTRE

1872-1878

La Chanson des Heures

PARIS

ALPHONSE LEMERRE, ÉDITEUR

27-31 PASSAGE CHOISEUL 27-31

M DCCC LXXXVII

POÉSIES

DE

ARMAND SILVESTRE

IL A ÉTÉ TIRÉ DE CET OUVRAGE :

25 exemplaires sur papier de Hollande.
25 — sur papier de Chine.

Tous ces exemplaires sont numérotés et paraphés par l'Éditeur.

POÉSIES

DE

ARMAND SILVESTRE

1872-1878

La Chanson des Heures

PARIS

ALPHONSE LEMERRE, ÉDITEUR

27-31, PASSAGE CHOISEUL, 27-31

M DCCC LXXXVII

LA

CHANSON DES HEURES

1

* * *

Aux astres les Heures pareilles
Roulent dans un cercle éternel ;
Joyeux, plaintif ou solennel,
Leur bruit vient frapper nos oreilles.

Heures de deuil, Heures d'amour,
Comme de sonores étoiles,
Du silence perçant les toiles,
Passent en chantant tour à tour.

Et, comme en sa route infinie
L'astre nous darde un trait vainqueur,
Chacune nous atteint au cœur
Avec un rayon d'harmonie.

Heure du rire, Heure des pleurs,
Voix légères et voix profondes,
C'est la tempête sur les ondes,
Et c'est la brise sur les fleurs.

Sur la cithare et sur la lyre,
Glissent leurs doigts furtifs et prompts;
Dans la flûte et dans les clairons
Souffle leur joie ou leur délire.

Heures de fête, Heures d'affront,
Heures d'ivresse, Heures de gloire,
J'ai mis leur chant dans ma mémoire
Quand elles passaient sur mon front,

Et de leur musique, loin d'elles,
Recueillant les accents divers,
J'ai voulu fixer dans ces vers
Leurs échos vibrants et fidèles.

RIMES VIRILES

Prologue

La torture d'aimer ne vaut pas qu'on en pleure,
Pour qui connut déjà son mensonge divin,
Pour qui sait quel oubli veille au seuil de ce leurre,
Et combien l'éternel de nos amours est vain !

Que l'avare ait caché son or pur dans l'argile,
Cherchons un autre asile au trésor de nos pleurs ;
Car le cœur de la femme est vase trop fragile
Pour porter, jusqu'aux cieux, le faix de nos douleurs.

Ah ! puisqu'à l'Infini, seul, ici se mesure,
— Dans le néant humain, — le pouvoir de souffrir,
Gardons-le donc pour une immortelle blessure,
Et pour le mal sacré dont il sied de mourir !

A nos pieds endurcis essuyons la rosée,
Qu'au sentier matinal met la brise en passant.
C'est plus haut et plus loin que la source est creusée
Des larmes où s'en vont notre âme et notre sang.

C'est plus haut et plus loin que ce qui te fait belle,
Femme par qui l'enfant croit avoir tout souffert,
Qui, la première, au flanc nous mets ta main cruelle,
Et qui t'enfuis, laissant notre cœur grand ouvert.

Pour combler cet abime et fermer cette porte
A la Mort, il faut plus que l'amour décevant,
Qui descend de tes yeux et que ton souffle emporte,
Ou la vaine douleur qu'on souffre en te servant.

Cher et premier bourreau, mère de la souffrance,
Femme, admire ton œuvre et passe avec orgueil : —
Mais laisse-moi pleurer sur les cieux, sur la France,
Sur les autels brisés, sur la Patrie en deuil !

I

Les Cieux nouveaux.

A mon Maître Ernest Havet.

Pollio et incipient magni procedere menses.

Plus d'un Christ saignera sur un nouveau Calvaire,
Avant que d'Élohim le nom soit aboli.
Sans nimbe lumineux à sa face sévère,
Il sera, pour jamais, dans l'ombre enseveli.

Plus d'un s'endormira dans le rêve indicible
De mourir pour le Juste et pour la Vérité,
Sentant boire à son cœur percé comme une cible,
L'immense soif dont meurt la pâle humanité.

Ils te ressembleront par l'âme et le génie,
Jésus, Dieu qu'à ta voix un peuple a reconnu ;
Mais leurs maux seront vains, vaine leur agonie :
Le temps de ceux qu'il faut sauver n'est pas venu !

L'antique foi s'acharne à sa splendeur perdue,
Forte d'un nom qui fait tout nom silencieux :
Elle n'est pas encore à ce point descendue
Que chacun s'en détourne, interrogeant les cieux ;

Que toute âme virile en dégage son aile,
Comme d'un lacs rompu l'oiseau toujours vivant,
Et cherche le secret de la chose éternelle
Plus haut que sa poussière éparse dans le vent.

Mais cette heure viendra, que hâteront encore
Les fureurs du vieux monde à son dogme obstiné,
L'heure du Dieu nouveau qui, pareil à l'aurore,
Va venir, et qu'attend un peuple prosterné.

Oui, cette heure viendra que porte en ses entrailles
La terre des Martyrs, des Dieux et des héros.
Mais jusque-là quels deuils et quelles funérailles,
O race d'Élohim, ô race de bourreaux !

C'est par toi que mourront tant d'obscures victimes,
De doux suppliciés aux tourments superflus,
De défenseurs sacrés des vérités sublimes
Que ton Christ enseignait et que tu n'entends plus !

*
* *

Dans le troupeau sacré des dieux déjà venus,
Je cherche en vain celui que le monde réclame ;
Des désirs innommés, des besoins inconnus
Ont creusé plus avant les abimes de l'âme.

L'homme vieilli n'a plus soif que de vérité ;
Il a des cieux profonds déchiré le mystère.
La raison pour témoin, pour loi la liberté,
L'Idéal qu'il conçoit se mesure à la terre.

Sans rafraîchir son cœur vos larmes couleront,
Amantes des dieux morts, Vénus ou Madeleine,
Mystiques fleurs que l'aube arracha de son front
Et dont le vent des cieux but la dernière haleine.

Éternel aiguillon de ses âpres destins,
La douleur l'a chassé du repos de son rêve :
Les bonheurs infinis faits d'espoirs incertains
Ne valent pas les maux réels de l'heure brève.

Il porte en soi l'honneur d'un plus viril devoir
Que bénir l'invisible main qui nous châtie,
Adorer sans connaître et souffrir sans savoir :
L'esprit le tente en vain, la croyance partie.

Dût l'horrible néant se dresser devant lui,
Il marche, il a dompté l'effroi du chemin sombre,
Dût-il, désespéré, s'asseoir au fond de l'ombre,
Après que le dernier des astres aura lui.

Ah! celui qu'il attend a bien plutôt pour signe
Un flambeau dans la main qu'à l'épaule une croix
Autant que sa douceur sa science est insigne,
Et celui-là dira : Connais! et non pas : Crois!

* *
*

Je ne regrette pas, fils des heures troublées,
La foi qui fut l'honneur des âges révolus,
Astre éteint que chassa des voûtes étoilées
L'inexorable loi de tout ce qui n'est plus.

La sphère où rayonnait la lumière des âmes,
Pierre inerte, en tombant peut écraser nos fronts,
Mais non plus éclairer notre esprit de ses flammes
Et nous guider aux cieux alors que nous mourons.

Dans sa chute, elle peut encor briser le monde,
Mais non plus l'emporter, satellite fervent,
Dans sa course à travers l'immensité profonde,
Plus haut que la tempête et plus loin que le vent.

Effroyable menace à l'espace jetée,
Je puis craindre son choc aveugle et sans merci ;
Qu'une lueur sereine autrefois l'ait hantée,
C'est affaire au passé, l'heure n'en a souci.

Ascètes nus priant au fond des solitudes,
Apres voluptueux savourant les mépris,
Le secret est perdu de vos béatitudes.
Votre sérénité tente mal nos esprits.

Je plains votre bonheur, bien loin que je l'envie,
O repus d'idéal, âmes lasses d'essor !
Vous adoriez la Mort, et nous cherchons la vie ;
Vous étiez des vaincus, et nous luttons encor.

Nous refusons au Mal, fors celui qui s'expie,
L'inutile tribut des humaines douleurs,
Et chassons de nos yeux, comme une image impie,
Le Dieu lâche et méchant que repaissaient vos pleurs !

*
* *

Et pourtant ce passé, comme un néant sonore,
S'emplit de la rumeur d'un combat triomphant :
Contre les noms vainqueurs qu'allait sacrer l'aurore
Le vieux nom d'Élohim proteste et se défend.

Laissons ce bruit passer dans la Nuit qui l'emporte,
Et saigner les martyrs aux gibets inconnus.
Un Dieu meurt quand la foi dont nous vivions est morte.
Donc Élohim est mort et les temps sont venus !

L'horizon va s'ouvrir et l'aurore nous crie :
J'apporte la lumière à vos fils plus heureux !
Ne nous plaignons donc pas d'avoir souffert pour eux,
Exilés qui mourons au seuil de la Patrie.

II

Patria.

A Albert Delpit.

Quelle ombre sanglante a penché
　Sur nos fronts son aile meurtrie ?
— L'astre vivant qui s'est couché,
C'était ton soleil, ô Patrie !

L'horizon qui vit son déclin
Saigne encore de ta blessure.
Un peuple de gloire orphelin
Porte au front une meurtrissure.

Ne laissons pas se refermer
Ce déchirement de la nue
Et trop vite se consumer
La honte à nos faces venue.

Par l'abime des cieux ouverts
Crions : Justice! aux dieux infâmes;
Et nos fronts de cendre couverts,
Montrons-les aux fils de nos femmes.

Si les dieux savent le remords,
Si nos fils savent le courage,
Ils rendront la paix à nos morts,
Ils laveront l'antique outrage !

Et, redevenu plus vermeil
Du sang rajeuni d'une aurore,
L'horizon verra ton soleil,
Patrie, aux cieux monter encore !

* *

France, ce passé que renie
Le troupeau craintif des ingrats,
Ce passé, tu t'en souviendras,
Car il vit fleurir ton génie.

Il vit l'arbre du droit vainqueur
Ouvrir sa ramure féconde.
Si les fruits ont repu le monde,
Sa racine git dans ton cœur.

Il vit les batailles épiques
Où tes voltigeurs triomphants
Passaient, — héroïques enfants, —
Rouges parmi les champs de piques.

Il vit le mot de Liberté
Jeté par ta poitrine nue,
Comme un feu du ciel sous la nue,
Embraser une immensité.

Il vit ta main briser des chaînes,
Tes pieds fouler des oripeaux,
Et dans les plis de tes drapeaux
Monter les victoires prochaines.

Il vit ton sang jeune et vermeil
Où s'abreuvaient le chêne et l'herbe,
Rouler, comme un fleuve superbe,
La justice sous le soleil !

Passé des vainqueurs de la Meuse
Et des vengeurs du mal souffert,
O temps d'héroïsme et de fer,
Que ta mémoire soit fameuse !

* *

Gloire aux vaincus des grands combats,
Aux morts tombés sans funérailles
Sous le vent lointain des mitrailles,
Dans les champs d'Alsace — là-bas :

Sans faire un seul pas en arrière,
Comme des astres s'éteignant,
On les vit plonger en saignant,
Dans une brume meurtrière.

La trombe de fer emporta
Leur âme à ses fureurs mêlée;
Et, sous la nue encor voilée,
Le nom de la France monta,

Plus haut que la dernière haleine
Du soldat tombé dans le rang,
Plus haut que la vapeur de sang
Qui flottait sur l'immense plaine,

Vers Celui qui, ne sachant pas
Ce que sont défaite ou victoire,
Couronne de la même gloire
Tous les morts du même trépas !

*
**

Nous marcherons dans l'avenir
Sans en détourner nos visages,
Sans nous arrêter à punir
Les faiblesses des autres âges.

Un autre orgueil tente nos fronts
Que celui de demander compte
Au passé de l'ancienne honte.
Le temps juge : nous combattrons !

Ah ! c'est moins des vengeurs aux crimes
Que des soldats au droit qu'il faut.
L'horreur nous a faits magnanimes :
Volons le fer à l'échafaud

Pour l'outil qui fauche la gerbe
Et pour le glaive qui défend.
Le père guidera l'enfant
Vers l'œuvre viril et superbe ;

Vers les combats et les moissons,
Vers ce qui fait vivre les races !
— Pour les chemins que nous laissons,
Le temps en fermera les traces.

Les cœurs toujours prêts à s'unir
Pour affronter le sacrifice,
Nous marcherons dans l'avenir
Ayant pour témoin la Justice !

*
* *

France par tes maux ennoblie,
Nom cher parmi les noms sacrés,
Garde, sous le faix qui te plie,
Un cœur fidèle aux opprimés.

Pour affronter l'heure qui change
En déclin ton sort triomphant,
Toi qui fus la Force qui venge,
Demeure le Droit qui défend.

Subissant les destins contraires,
Après d'héroïques combats,
La fortune t'a fait des frères
De tous les vaincus d'ici-bas.

La fortune a brisé tes armes,
Mais non pas dompté tes esprits.
Après ton sang, donne tes larmes,
Sœur des faibles et des proscrits !

A qui meurt pour les causes saintes,
A qui tombe sous un drapeau,
Garde tes immortelles plaintes
Et ta grande âme pour tombeau.

Afin de surgir la première,
Forte des cœurs des nations,
Dans la gloire et dans la lumière,
Au jour des résurrections !

*
* *

Terre de la vigne et des chênes,
L'Orage fuit aux horizons :
Sois toute aux vendanges prochaines,
Sois toute aux jeunes floraisons

Si l'orage qu'un souffle enlève
A meurtri tes fleurs sur ton sein,
En toi coulent encor la sève
Du bois et le sang du raisin.

Ta mamelle n'est pas tarie ;
Un grand peuple s'y peut tenir.
O France, immortelle Patrie,
Nourrice des temps à venir !

Ton âme monte sous la nue
Avec tes chênes radieux ;
La grappe aux coteaux revenue
Porte en soi l'esprit des aïeux.

Tout l'espoir des races prochaines,
Tout l'honneur des temps abolis,
Dans tes flancs sont ensevelis,
Mère de la vigne et des chênes !

Puisqu'il n'est qu'un Dieu qui demeure
Debout sur les autels brisés ;
De peur que ce siècle ne meure
De ses désirs inapaisés.

Que l'âme humaine, consumée
De son rêve silencieux,
Ne remonte avec la fumée
Du dernier encens vers les cieux :

A genoux devant la Patrie,
Seul Dieu qui reste triomphant,
Qui ne demande qu'on le prie,
Qui sourit à qui le défend,

Dont le culte n'ait pour mystère
Que l'amour profond et vainqueur
Qui, d'un coin sacré de la terre,
Fait un lambeau de notre cœur!

A genoux aux pieds de la France,
Frères que vos dieux ont trahis
Et qui n'avez plus d'espérance
Qu'à l'immortel nom du pays!

Adorons, le front dans la poudre,
La Mère aux vaillantes douleurs
De qui la main tenait la foudre
Et tient un calice de pleurs!

Sonnets héroïques

I

O Gloire des soldats mourant dans les batailles,
Seule gloire restée et qui tente l'effort,
Je t'envie à qui meurt pour le droit du moins fort,
Et mon âme te suit parmi les funérailles !

Prêt d'oublier l'horreur de ces grands champs de mort,
Où le vol des chevaux disperse vos entrailles,
Où, couchés sous le vent des lointaines mitrailles,
Vous reposez en paix, meurtriers sans remord ;

Je pense que, du moins, seuls, au temps où nous sommes,
L'instinct du sacrifice a fait de vous des hommes ;
Qu'insoucieux du but, du devoir convaincus,

Vous le servez quand même et d'une âme aguerrie :
O gloire de tous ceux qu'a pleurés la patrie,
Je t'envie à qui meurt pour le droit des vaincus !

II

Alors je pense au temps où, d'un bond héroïque,
Des enfants de seize ans, sous leurs fusils ployés,
Couraient à la frontière et déchiraient leurs pieds
Aux chemins, en criant : Vive la République !

Quand le courage était une vertu civique
A ce peuple naissant de martyrs oubliés,
Quand de leur propre sang tes fils multipliés,
France, te saluaient comme une mère antique,

Et, légitime orgueil de ta fécondité,
Tombaient en s'écriant : Vive la liberté !
— Apprenons à nos fils la gloire de nos pères,

De leur nom plus encor que du nôtre jaloux :
Si grands que vous soyez, ô soldats, ô mes frères.
Ceux qui mouraient alors étaient plus grands que vous.

III

Immuable splendeur du Beau ! Gloire du Juste !
Derniers autels de ceux qu'ont trahis leurs autels !
Vous gardez, comme on garde un héritage auguste,
Le secret de la mort qui nous fait immortels.

Ainsi qu'aux flots du bronze une image s'incruste,
Des âges ont passé que vos sceaux éternels
Ont marqués, pour le Temps, d'une empreinte robuste
Et que notre mémoire a rendus solennels ;

Des âges où la force, éprise de lumière,
Demandait à l'Esprit son ennoblissement,
Où la pensée était l'âme du dévouement,

Où la Patrie était, dans tout cœur, tout entière,
Où vingt ans reliaient la tombe et le berceau
Par un sillon de gloire, et se nommaient Marceau !

IV

MARCEAU ! — Quand l'âme eut fui de sa poitrine ouverte
Souffle ardent qui passa sur les fronts éperdus,
Ce fut comme un remords immense de sa perte
Qui prit tous ces soldats ensemble confondus ;

Comme une horreur secrète envahissant la plaine
Où la moisson guerrière ondoyait aux tambours
Le vent chargé de fer suspendit son haleine,
Et, mornes, les canons se turent tout un jour.

Les vainqueurs oubliant d'achever la victoire,
Librement, dans l'azur, vers sa grande mémoire
Le pardon des vaincus monta religieux.

Et ces deux flots humains qu'un peu de sang sépare,
— Tels les flots Égéens, linceul du doux Icare, —
Pleurèrent cet enfant qui tombait glorieux !

V

Les Titans sont tombés : dans l'air silencieux
Leur sang pur monte encore, et comme une fumée,
Emporte dans les cieux leur âme consumée
Des rêves éternels qu'ils avaient pris aux cieux.

La Terre, maternelle aux cœurs audacieux,
Sur ses enfants meurtris lentement s'est fermée ;
Mais, pour longtemps tari, son flanc capricieux
Tira de leur semence une race pygmée,

Du corps de ces lions un peuple de fourmis ;
Et nous n'osons nommer nos pères endormis,
Plus près d'être des dieux que nous d'être des hommes !

Et nous traînons si bas leur souvenir puissant
Qu'à nous voir le porter, on ne sait si nous sommes
Les vers de leurs tombeaux ou les fils de leur sang.

VI

Si, pour faire une place à leur grand souvenir,
Il faut meurtrir beaucoup nos cœurs étroits, qu'importe !
Ils se refermeront, élargis de la sorte
Qu'un mâle sentiment s'y puisse contenir,

Que la pensée y germe et s'y fasse assez forte
Pour que la liberté nous puisse revenir,
Et que fleurisse enfin sur cette gloire morte
La semaille que l'heure apporte à l'avenir.

Comme un ferment sacré qui soulève les gerbes
Et pousse vers l'azur l'honneur des blés superbes,
Leur mémoire contient tous nos biens enfermés ;

Le courage et la foi vivace, inviolée,
Y creusent leur racine, et, dans l'ombre voilée,
La Justice y mûrit l'espoir des opprimés.

VII

Le temps est sans pitié, qui fait naître après l'heure
Ceux dont l'heure eût servi les aspirations,
Ridicules débris de générations
Dont la gloire, pour eux, n'est que regret et leurre.

Rendez-moi les grands jours des grandes passions,
Les combats dont toujours le souvenir demeure ;
Rendez-moi les périls, que j'en vive ou j'en meure !
A la frontière encor faut-il que nous courrions ?

Le temps est sans pitié pour nous de rendre vaines
Les ardeurs du sang pur qui consume nos veines,
Et d'emplir nos esprits de ce doute jaloux :

Quatre-vingts ans plus tôt, peut-être, parmi vous,
Comme vous j'aurais fait ma mémoire fameuse,
O peuple de héros, soldats de Sambre-et-Meuse !

A l'Arc-de-Triomphe.

Sentinelle héroïque, ô grand arc solitaire,
Toi qui veillais au seuil de la grande cité,
Quand leurs pas, sous ton pied, vont ébranler la terre,
Garde bien ton silence et ta sérénité.

O toi qui te fermais, ainsi qu'une paupière,
Sur les soleils couchants de nos jours radieux,
Garde bien que quelqu'un de tes grands mort de pierre
Tout à coup se réveille et blasphème les dieux!

Dans le granit où Rude enferma ta pensée,
O sainte *Marseillaise,* éteins ton dernier cri;
Et vous, témoins sacrés de la gloire passée,
Ne dites pas encor: Tout honneur a péri!

Si le Ciel a pitié de la Reine du monde,
A ces jours de douleur, pour assurer l'oubli,
Il voilera ton front d'une brume profonde
Et tu rappelleras Lazare enseveli.

Que du même linceul il voile notre face,
A nous dont la fortune a trahi la fierté,
Qu'il accorde à nos yeux la nuit et qu'il nous fasse,
Comme tes vieux soldats, ombre, immobilité !

Jusqu'au jour où, seul Dieu qui donne la lumière,
Puissante par le glaive et forte par la Loi,
La Liberté, pareille à l'Aurore première,
Crie à Paris vaincu : Lazare, éveille-toi !

Stances

SUR LES MAUX DE LA PATRIE.

Lorsque, chassé des cieux de ta Gloire meurtrie,
  Les deux mains sur le front, j'en descends les degrés,
Je n'ai plus d'autres deuils que les tiens, ô Patrie!
Et mes yeux n'ont de pleurs que pour tes maux sacrés.

Tu fus l'astre vivant dont la chaleur féconde,
L'œil du ciel grand ouvert sur les conseils humains;
Un soleil emplissait ta paupière profonde
Et mesurait aux jours l'espoir des lendemains.

Tu fus l'arbre grandi sous l'aurore première,
Le vieux cep où mûrit l'antique Liberté;
Et tu fis de tes seins, tendus vers la lumière,
La coupe immense où vint boire l'humanité!

Tu fus le sang vermeil qui roula, sous la terre,
L'héroïque ferment des saintes passions ;
Et, soulevant les monts, ouvris, comme un cratère,
La formidable fleur des révolutions !

Tu jetas le trésor des charnelles semailles
Aux siècles épuisés qu'il fallait rajeunir.
Comme l'oiseau qui donne à son nid ses entrailles,
De ton flanc déchiré tu nourris l'avenir.

Tes fils furent l'honneur de l'humaine lignée,
Où des Titans vaincus la fierté se défend,
Les bûcherons vaillants dont la sainte cognée
Fit jaillir l'Idéal sous le fer triomphant.

Astre d'or, coupe d'or, France, mère des justes,
Des braves et des forts tombés dans ton linceul,
Nous sommes nés trop tard, puisqu'à tes mains augustes
Nos lèvres n'ont porté qu'un sanglot lent et seul !

Puisqu'il faut jusqu'au bout vaincre notre superbe,
Réprimer, dans nos cœurs, les espoirs superflus,
Et fouler, sous nos pieds, avec la terre et l'herbe,
L'impérissable orgueil des grands jours révolus,

Ne porte plus aux mers, Seine, reine des fleuves,
Le spectre évanoui des triomphes lointains,
Mais, vers le Simoïs, rejoins les pleurs des veuves.
Andromaque et la France ont les mêmes destins !

Le poids des souvenirs courbe nos têtes nues.
Le faîte des palais sur nous s'est affaissé.
Comme un troupeau, parmi les routes inconnues,
Nous marchons confondus dans l'ombre du passé.

Car, prisonniers d'un sol qu'a déserté notre âme,
Aïeux dont la fierté tomba, dernier rempart,
Nous sommes, fils rompus d'une immortelle trame,
Un peuple d'exilés qu'oublia le départ.

Et pourtant, nul de nous ne fuit la gloire amère
De porter haut ton nom sous tes soleils éteints,
Et tous nous demeurons, ô Patrie, ô ma mère,
Fidèles sans retour à tes pires destins !

Épilogue.

En attendant qu'un Dieu vienne à ce siècle impie,
Qui dans nos cieux éteints rallume des flambeaux
Et dresse encore, à l'heure où le doute s'expie,
Un espoir immortel sur le seuil des tombeaux ;

En attendant qu'un Dieu vienne à ces temps infâmes,
Qui rehausse les cœurs et prosterne les fronts,
Et, soulevant du sol le vol craintif des âmes,
De l'Idéal vaincu venge enfin les affronts ;

En attendant qu'un Dieu vienne à cet âge sombre,
Qui porte la lumière en nos obscurs destins,
Sous ses pieds glorieux faire resplendir l'ombre,
Vainqueur des dieux passés et des cultes lointains ;

En attendant ce Dieu, dont le mal nous torture,
Mais que rien ne promet à notre vain espoir,
— Puisque, par une loi de l'humaine nature,
Comme le corps, de pain, l'âme vit de devoir, —

Le Devoir, l'Idéal, le Dieu, c'est la Patrie !
Apportons à ses pieds nos désirs immortels,
Relevons dans nos cœurs son image meurtrie :
Sur ses autels brisés redressons ses autels !

Car les dieux sont bien morts, et Toi seule es sacrée,
Aïeule des Aïeux dont l'âme vit en nous,
Foyer de nos foyers, France, mère adorée
Dont le nom doux et cher fait ployer nos genoux.

Oui, Toi seule es sacrée et vaux d'être servie
D'un cœur fidèle et pur, d'un culte doux et fort,
France, dont le soleil nous a donné la vie !
Et, — lorsque dans tes bras nous couchera la Mort, —

Cet espoir nous suffit, comme aux races prochaines,
Que sur notre tombeau ton nom soit répété,
Et d'aller recueillir, sous l'ombre de tes chênes,
Dans tes flancs immortels notre immortalité !

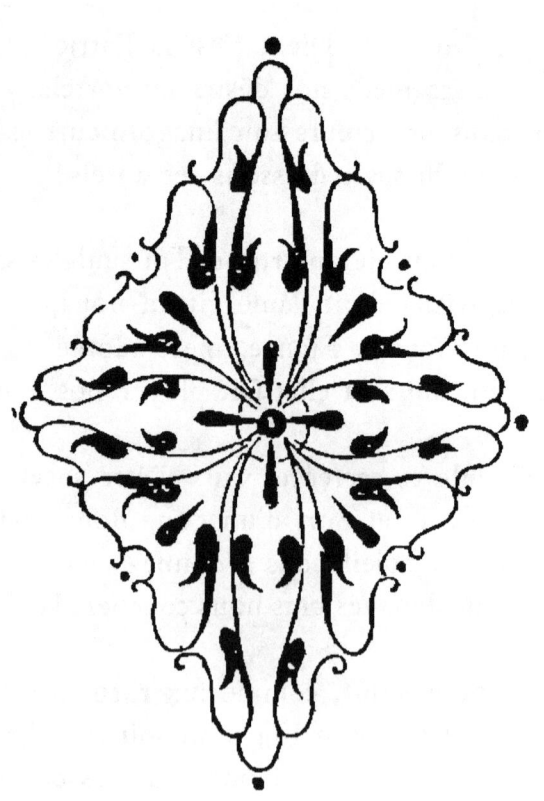

FANTAISIES CÉLESTES

A Emmanuel Des Essarts.

Couchant.

N'ÉTANT plus qu'un brouillard vermeil,
L'horizon dans la nuit recule.
— Je voudrais comme le soleil
Mourir dans l'or d'un crépuscule;

Sentir l'universel émoi
Suivre au loin ma trace blanchie
Et, d'une grande ombre, après moi,
Laisser la terre rafraîchie;

Descendre seul dans mon tombeau,
Mais léguer mon âme à la nue,
Pour y rallumer le flambeau
De chaque étoile au ciel venue;

Emporter la vie, et pourtant
La laisser rayonner encore ;
Donner au monde palpitant
Le gage sacré d'une aurore !

Sûr de remonter le chemin
Qu'a gravi ma course première,
Garder en moi mon lendemain
Fait de chaleur et de lumière.

Car l'âme d'un astre vermeil
Au feu de mes veines circule,
Et je veux comme le soleil
Renaître dans un crepuscule !

Danses d'Étoiles.

Triste de quelque amour perdu,
    Rêvant aux délices passées,
J'étais sur la terre étendu
Parmi les bruyères froissées.

L'ombre, en vibrant, montait dans l'air,
Des arbres profonds vers la nue,
Et la lune, au bord du ciel clair,
Découvrait son épaule nue.

Comme s'accroissait mon émoi
De l'émoi fraternel des choses,
Un rossignol, tout près de moi,
Chanta dans un buisson de roses.

Et, comme en un divin réseau,
L'âme prise par la cadence,
Je vis, aux chansons de l'oiseau,
Les étoiles entrer en danse.

Leur pas grave semblait celui
D'un chœur antique qui s'éveille.
Ainsi la trace en avait lui
Et la grâce en était pareille.

Mais, précipitant ses sanglots,
L'oiseau déliait sa voix sûre,
Et je vis, de mes yeux mi-clos,
La danse presser la mesure.

Ce fut, à chaque mouvement,
Un scintillement d'étincelles.
On eût dit que le firmament
Se brisait en mille parcelles...

Je m'éveillai !... — Les cieux railleurs,
Immobiles, tendaient leurs voiles.
— Mon amour, à travers mes pleurs,
J'avais vu danser les étoiles.

Immaculata Virgo.

Comme un duvet de cygne épars à l'horizon,
　En neigeuses blancheurs s'éparpille la nue ;
Sur ce lit floconneux, doux comme une toison,
Va s'étendre l'Aurore éblouissante et nue.

Déjà ses seins rosés percent l'azur flottant,
Comme un voile qui s'ouvre à l'ampleur de ses charmes,
Et, sur l'oreiller bleu des collines, s'étend
Sa chevelure d'or où court un flot de larmes.

Puis, son ventre montant à l'Orient vermeil,
De son nombril profond rayonne la lumière,
De son flanc virginal jaillit le Dieu-Soleil,
Puis l'Aurore s'éteint dans sa candeur première.

Le Vœu.

Assis au revers d'un chemin,
— L'ombre en noyait les avenues, —
Tout seuls et la main dans la main,
Je baisais ses épaules nues.

Blanche, la lune se levait,
— L'ombre en redoublait son mystère. —
Au moindre souffle tout avait
Des frissons d'amour sur la terre.

Et je respirais ses cheveux...
— L'ombre en buvait l'odeur suave, —
Et lui disais: « Ce que tu veux,
« Je le ferai, moi, ton esclave !

« Te faut-il la fleur du rocher ? »
— L'ombre emplissait le précipice, —
« Je mourrai pour te la chercher,
« Mais dicte-moi le sacrifice !

« Veux-tu tout le sang de mon cœur ? »
— L'ombre en pressait le flot rapide. —
« Si l'amour ne m'a fait vainqueur,
« Au moins il m'a fait intrépide.

« Parle et vers moi tourne les yeux !... »
— L'ombre y palpitait comme un voile. —
Mais elle, regardant les cieux,
Me dit : « Je voudrais cette étoile !

« La plus lointaine du ciel clair... »
— L'ombre, en vain, semblait les confondre. —
Son doigt restait fixe dans l'air ;
Je le suivais sans lui répondre.

Alors, de sa plus tendre voix,
— L'ombre en alanguissait le charme : —
« Ami, l'étoile que tu vois
« Là-bas, c'est ma première larme !

« Toute femme, avec ce trésor,
« Laisse choir la fleur de son âme ;
« Sa pureté luit dans cet or,
« Son cœur brûle dans cette flamme ! »

Lever d'Etoiles.

En vain Midi sur les cieux
   Tend ses lumineuses toiles;
Je cherche toujours leurs yeux
Dans les couchants pleins d'étoiles.

A la première allumée
Sur le bord de l'horizon,
Je donne tout bas ton nom,
Ma première bien-aimée !

Le regard descend sur moi
De celle qui t'a suivie
Et me rend l'antique émoi:
— Car celle-là prit ma vie !

Ainsi chacune se lève
Doux spectre parmi mes pleurs;
Toutes me jettent des fleurs.
Une seule porte un glaive.

Vainement pour fuir ce fer,
Je suis vos ombres peureuses,
O premières amoureuses
Par qui je n'ai pas souffert.

Et, pour braver ses rayons,
Mon cœur où l'effroi murmure
Revêt, ainsi qu'une armure,
L'or des constellations !

Douleur Céleste.

Les astres, larmes immortelles,
Roulent dans l'œil profond des cieux
Quel désespoir silencieux
Ces larmes nous révèlent-elles ?

Ainsi que des perles, sans bruit
Elles s'égrènent dans la nue.
— Sous quelle douleur inconnue
Un Dieu pleure-t-il dans la nuit ?

Touché de l'humaine torture,
Mesurant la mort et la faim,
Ce Dieu se repent-il enfin
D'avoir créé la créature ?

Et, jusqu'en ses remords amers,
Savourant de douloureux charmes,
Laisse-t-il choir l'or de ses larmes
Dans le gouffre béant des mers?

Réveil.

Comme une vierge au teint vermeil
   Dans le jardin des cieux venue,
L'Aube, ayant vaincu le sommeil,
Cueille les fruits d'or de la nue.

Dans l'azur, immense verger
   Des constellations fécondes,
Elle passe d'un pas léger,
   Laissant flotter ses tresses blondes.

Et les étoiles, tour à tour
   Aux plis de sa robe jetées,
Tombent, fruits célestes d'amour
   Dont nos âmes étaient tentées.

Déjà le dernier astre a lui,
Sa main partout s'étant posée.
Un peu de mon sang, avec lui,
Reste aux doigts de l'Aube rosée.

La dernière goutte de sang
Que me laissaient les maux sans trêve,
Une main l'a prise en passant
Au verger profond de mes rêves.

La Voie lactée.

La poudre des astres brisés
Roule encor par les étendues,
— Mais où vont le vent des baisers
Et l'âme des amours perdues ?

Comme les étoiles, nos cœurs
Sont pleins de lumière immortelle,
— Ils se brisent aux chocs vainqueurs...
Mais leur poussière, où donc va-t-elle ?

Nous voyons couler notre sang
Au bord de la nue enflammée
Dans le couchant éblouissant.
Mais où fuit sa rouge fumée ?

Quelle brise, effleurant ces flots,
Recueille l'esprit de nos rêves,
Les délices de nos sanglots
Et l'ivresse des heures brèves?

Ah! dans les débris radieux
Qui font ta lumière enchantée,
Sous les pas tranquilles des Dieux,
Emporte-les, ô mer lactée!

Larmes d'Étoiles.

Devant que l'heure soit venue
　　Où l'aube les vient délivrer,
On entend parfois sous la nue
Les étoiles tout bas pleurer.

Et, rayant de feu les mirages
Tranquilles de l'horizon clair,
On voit, comme après les orages,
Des larmes d'or passer dans l'air.

Perdu dans l'ombre solennelle
Que ne trouble encore aucun bruit,
Écoutons la plainte éternelle
Des étoiles d'or dans la nuit :

« Hélas ! nous sommes prisonnières
Dans l'immensité du ciel bleu.
Qui donc brisera les ornières
Ouvertes sous nos chars de feu ?

« Chaque heure à la nocturne voûte
Nous donne un rendez-vous certain ;
Nos pas sont rivés à la route
Que pour eux traça le destin.

« Ces lueurs que l'esprit acclame,
Comme un feu vivant et vainqueur,
Hélas ! ce sont des clous de flamme
Qui nous traversent en plein cœur.

« Un dieu, sous leurs étreintes sûres,
Fixa notre vol indompté,
Et nos lumineuses blessures
Sont la splendeur des nuits d'été.

« Au bout du rayon qui nous troue,
Le temps nous roule obstinément,
Filles d'Ixion, sur la roue
Inflexible du firmament.

« Nous sommes les vierges plaintives
Dont l'orgueil sublime est puni.
Car c'est être deux fois captives
Que de l'être dans l'Infini ! »

— Maudissez les destins infâmes
Durant les soirs silencieux !
Vous êtes les sœurs de nos âmes,
Étoiles qui pleurez aux cieux.

Comme vous, flammes immortelles,
Leur honneur est fait de clarté.
Cependant, comme vous, sont-elles
En prison dans l'immensité ?

En vain, devant elles, le Rêve
Ouvre l'azur des cieux béants.
Une invisible main, sans trêve,
Les cloue aux terrestres néants.

Sous leurs ailes grandes ouvertes,
Sans les emplir, passe le vent.
Comme vous, elles sont inertes
Sur un chemin toujours mouvant.

Leur désir seul franchit l'espace
Dans son désespoir impuissant,
Et la plus illustre qui passe
Marque sa gloire avec du sang.

Maudissez les destins infâmes
Durant les soirs silencieux !
Vous êtes les sœurs de nos âmes,
Étoiles qui pleurez aux cieux !

Immortalité.

Où vont les étoiles en chœurs ?
 Elles vont où s'en vont nos cœurs,
Au-devant de l'aube éternelle.
Mêlons notre âme à leurs rayons,
Et sur leurs ailes d'or fuyons
A travers la nuit solennelle.

L'ombre n'est, dans l'immensité,
Qu'un seuil au palais de clarté
Qu'ouvre la Mort comme une aurore.
L'ombre n'est que l'obscur chemin
Qui mène d'hier à demain,
Du soir au matin près d'éclore.

Suivons donc les astres sacrés
Qui du jour montent les degrés,
Des ombres déroulant la chaine.
Comme eux vers l'aube nous glissons,
Et comme eux, quand nous pâlissons,
C'est que la lumière est prochaine !

EN AIMANT

Angelica Verba.

I

O torture d'aimer, immortelle et profonde,
J'ai donc fait pour te fuir un inutile effort,
— Pour deux lèvres en fleur, pour une tête blonde,
Ton mal divin renait plus ardent et plus fort.

O torture d'aimer, immortelle et féconde
En espoir, en angoisse, en désir, en remord,
—Pour deux yeux caressants et traîtres comme l'onde,
Je sens, à ton tourment, revivre mon cœur mort.

O torture d'aimer dont rien ne nous protège,
Pour un sein de déesse et pour deux bras de neige,
Tu me reprends saignant pour encor me meurtrir.

Et je ne puis haïr la fière créature,
Par qui tu me reviens, immortelle torture!
— Car il me serait doux à ses pieds de mourir.

II

Ses cheveux, comme font les saules sous la brise,
Sur les flots du Pactole ont traîné sûrement ;
Car leur or lumineux n'est qu'un reflet charmant
Qui, comme ceux de l'onde, en caresses s'irise.

Dans sa fière beauté tout est charme et surprise,
Et tout son être n'est qu'un long enchantement.
C'est vivre l'infini que de vivre en l'aimant,
Mais telle est sa splendeur que tout espoir s'y brise.

Je voudrais seulement baiser ses beaux pieds nus,
Et respirer, dans l'air, les parfums inconnus
Qui montent de sa chair et de sa chevelure.

Je voudrais sur mon cœur poser sa froide main,
Pour lui faire sentir l'effroyable brûlure
Dont me consume encor son regard surhumain.

III

Son image est debout, sous mon front obstiné,
A la fois gracieuse et noble, dans la pose
Charmante où je la vis : comme penche une rose,
Son visage sourit doucement incliné.

Sa taille souple au tour finement dessiné,
De ses flancs où l'ampleur de la forme s'impose,
S'élance, — comme, au jour de sa métamorphose,
Jaillit d'un tronc divin le torse de Daphné.

Ses beaux bras nonchalants et semblables aux branches
D'un laurier qu'eût blanchi le vol des avalanches
Croisent, comme deux fleurs de neige, ses deux mains.

Les cheveux dénoués caressent ses épaules.
Vénus ou Velléda, de la Grèce ou des Gaules
Ses pieds nus ont foulé les antiques chemins.

IV

Je ne sais pas de fleur, ou de bois ou de plaine
  Qui dans ses blonds cheveux soit digne de s'ouvrir,
Qui sur son sein charmant soit digne de mourir,
Sous les tièdes parfums que versent son haleine.

Je ne sais pas de lin ou de soie, ou de laine
Dont le tissu léger soit digne de courir
Sur son épaule, et qui soit digne de couvrir
Les charmes infinis dont sa jeunesse est pleine.

Je ne sais pas de coupe aux bords si bien fouillés,
Rouge du sang divin des ceps ensoleillés,
Qui d'être présentée à sa lèvre soit digne.

Je ne sais de tapis, ou de tigre ou de cygne,
Qui soit, sous ses pieds nus, digne d'être jeté.
— Je ne sais pas d'amour digne de sa Beauté !

V

O torture d'aimer! ô mal délicieux!
    Sa beauté, tour à tour riante et solennelle,
Me trouble : tout m'attire et tout m'effraye en elle.
Son charme est à la fois puissant et gracieux.

Comme la mer nous tente en reflétant les cieux,
L'aimant du flot profond habite sa prunelle.
Avec l'autorité d'une chose éternelle,
Sa splendeur me domine et me fait anxieux.

Près d'Elle, je m'enivre à tout ce qui la touche.
Loin d'Elle, je l'implore, et, la craignant farouche,
Je savoure, en pleurant, mon tourment adoré.

La peur à mon désir s'obstine sans relâche.
Plus je la trouve belle et plus je me sens lâche...
Je l'aime — et je la fuis, le cœur désespéré.

Souffrances d'Amour.

I

La beauté dont je meurs est la beauté suprême
Qui garde à cette terre un souvenir des cieux.
Je l'adore tout bas d'un cœur silencieux,
Car mon mal est divin si mon mal est extrême.

Mes regards sur son front cherchent un diadème,
Si grande est la splendeur de son front radieux !
Je la conçois pareille à l'image des dieux,
Et c'est à deux genoux qu'en la priant, je l'aime.

Entre ses mains, j'ai mis mon âme pour jamais.
A tout ce qu'elle veut, humble, je me soumets ;
D'Elle seule j'espère et n'ai souci que d'Elle.

D'un esprit sans effroi je porte mon tourment,
Bien sûr de l'avenir ; car j'ai fait le serment
De vivre et de mourir à son culte fidèle !

I

Comme un flot de vapeurs par le vent emporté,
Tous mes rêves ont fui devant ta noble image.
Les chansons d'autrefois ayant tu leur ramage,
Ta voix à mon oreille apprit la volupté.

Le passé n'a plus rien dont mon cœur soit dompté :
L'avenir ne saurait me donner davantage.
Tout mon être est à toi, que plus rien ne partage.
Ton image, à mes yeux, enseigna la beauté.

Par toi, j'aurai conquis l'orgueil de vivre encore
Et d'adorer, en toi, ce qui vaut qu'on l'adore :
Je vivais dans la nuit, tu m'as montré le jour.

Car, plus doux que l'aurore à la terre endormie,
Vers le ciel de tes yeux, je sens, ô mon amie,
Comme un rouge soleil monter mon jeune amour.

III

J'ai mis dans mon amour tout l'orgueil de ma vie,
Et l'honneur de mes jours est fait de ta beauté.
De tout ce que le temps rapide m'a compté,
Je ne me souviens plus que de t'avoir servie.

A te servir toujours j'ai borné mon envie.
J'ai pour foi ton destin, pour loi ta volonté.
Sans savoir ton chemin, pour lui j'ai tout quitté.
Tu passais!... pour baiser tes pas je t'ai suivie!

Pour n'avoir pas aimé, j'avais maudit l'amour.
Une heure avait fermé ma blessure d'un jour.
Ta main jusqu'à mon cœur a creusé la première.

Ah! celle-là, du moins, je n'en veux pas guérir,
Et je demanderai, pour vivre et pour mourir,
Le devoir à ta bouche, à tes yeux la lumière!

IV

Quand de ta bouche en fleurs j'ose approcher ma bouche
   Et que mon âme y monte en un muet baiser,
Je sens naitre en mon cœur et n'y puis apaiser
Je ne sais quoi qui tremble et soudain m'effarouche.

L'air où ton souffle passe et l'habit qui te touche
Et la terre où ton pied charmant vient se poser,
Tout m'est sacré, tout luit, tout me vient embraser,
Et c'est comme un autel que j'entrevois ta couche !

Les genoux défaillants et la pâleur au front,
La terreur me saisit, comme d'un sacrilège,
D'avoir, d'un seul désir, flétri ton corps de neige.

J'ai peur que mon amour ne te soit un affront,
Et j'attends qu'en ta main le glaive de l'archange
Punisse mon audace et me frappe et te venge !

V

Donne-moi ta bouche et que tes yeux clos
Me cachent le feu clair de ta prunelle.
Donne-moi ta bouche et me laisse en elle
Mêler des baisers avec des sanglots.

Donne-moi ta bouche et me verse à flots,
Avec sa saveur vivante et charnelle,
Les enchantements de l'aube éternelle
Que fêtent les lis sur ton front éclos.

Donne-moi ta bouche où fleurit mon rêve,
Où ta chère voix me rend l'heure brève,
Dont un mot me charme ou me fait souffrir.

Donne-moi ta bouche où rit ta jeunesse,
Donne-moi ta bouche où gît ton ivresse,
Donne-moi ta bouche où meurt mon désir !

VI

Je veux que mon sang, goutte à goutte,
      Monte à ta lèvre lentement.
Comme un flot limpide et calmant,
De ton cœur il prendra la route.

Bois-le : mon âme y sera toute
Dans un suprême enivrement,
Car le seul mal que je redoute,
C'est de survivre à mon tourment,

Bois-le sans honte et sans peurs vaines :
Ce trésor sacré de mes veines,
Toi seule pourras le tarir.

Avec mon souffle, avec mon âme,
Ce sang que ta bouche réclame,
Bois-le ! car j'ai soif de mourir !

VII

Mon ame, ignores-tu la langueur où je vis
Et le mal dont je meurs à t'aimer sans mesure,
A laisser tout mon sang monter à ma blessure,
A bénir, en pleurant, le jour où je te vis ?

Comme un prêtre à l'autel courbé sur le parvis,
Dans l'extase mon cœur déchiré se rassure ;
Et, de tout autre objet chassant la flétrissure,
Ton image sacrée emplit mes yeux ravis.

Mon ame, ignores-tu qu'à cet excès je l'aime,
Que ton être vainqueur m'ait chassé de moi-même
Et que l'exil me suit partout où tu n'es pas ?

Cet amour obstiné, qui s'attache à tes pas
Et brûle mes esprits d'une immortelle flamme,
Cet amour infini, l'ignores-tu, mon âme ?

VIII

La bise a dépouillé le front des avenues ;
   Les feuilles mortes font un linceul aux gazons ;
Sur le ciel monotone et gris des horizons,
Se projette le spectre noir des branches nues.

Adieu, vertes forêts que nos pas ont connues,
Où l'on marchait à deux au temps des floraisons ;
Le soleil ne rit plus aux vitres des maisons ;
Les heures d'amertume et d'ennui sont venues.

Seul je porte en mon cœur le soleil disparu,
Et mon bonheur cruel me semble encore accru
Du deuil de la Nature et de l'émoi des Choses.

En dépit de la bise, au mépris des hivers,
Tu fis naître en mon âme un printemps toujours vert
Et, sous tes pieds divins, j'y sens monter des roses.

IX

Dans le bois noir où se lamente
Le cerf blessé par le chasseur,
Nous irons goûter la douceur
D'entendre gémir la tourmente.

Et, penchant ta tête charmante
Vers mon front au doute obsesseur,
Tu ne seras plus qu'une sœur
A mon cœur triste, ô mon amante !

Mon mal étant un mal divin,
Tes chers baisers tendraient en vain
Jusqu'à moi leur saveur calmante.

Il me faut la fraîcheur du soir
Et l'ombre épaisse du bois noir
Où le cerf lassé se lamente.

Profils perdus.

I

Des yeux si grands qu'un coin du ciel doit s'y trouver ;
Si profonds qu'on dirait deux étoiles tombées
Au creux du lac d'argent où la Nuit vient rêver,
Quand l'air vibrant s'emplit du vol des scarabées.

Comme un arc de corail, les lèvres recourbées
Ont des traits dont nul cœur ne se saurait sauver ;
Et David, sur ses pas, eût cru voir s'élever
Les jardins où passaient les blanches Bethsabées.

Dans sa grâce robuste et sa douce fierté,
On penserait, à voir sa riante beauté,
L'épanouissement d'une rose trémière.

L'ombre de ses cheveux, sombre et vivant réseau,
Baigne amoureusement son teint fait de lumière
Et passe, sur son front, comme une aile d'oiseau.

II

Du front étroit jaillit sa large chevelure,
Flot vivant qui dormait au cœur d'un marbre blanc :
Échappée au contour serré de l'encolure,
La ligne s'arrondit pour embrasser le flanc.

La cuisse épaisse assied son contour opulent
Sur un mince genou ; — frêle, flexible et sûre,
La cheville soutient, comme un lis indolent,
Son beau pied que jamais n'outragea la chaussure.

Enfant de l'art moderne épris de l'art païen,
J'adore, comme un Grec du temps athénien,
La femme que revêt cette splendeur insigne,

Qui fait tout mon respect de sa seule beauté
Et, pareille à Léda, montre sa nudité,
Fière à tenter un dieu, blanche à tromper un cygne !

III

Est-ce le cygne antique, est-ce l'ange chrétien
Qui, volant près de toi dans la nuit solennelle,
A laissé sur ton cou la blancheur de son aile,
Vierge à l'air tout ensemble ascétique et païen ?

L'inexorable feu de l'amour ancien
Brûle mystiquement au fond de ta prunelle,
Et l'irritant éclat de ta splendeur charnelle
S'amortit aux candeurs de ton chaste maintien.

Quel souvenir des Cieux, ô fille de la Terre,
A ta grâce robuste unit ce charme austère
Et d'un parfum claustral entoure ta beauté ?

Quel précoce dégoût de nos plaisirs moroses ?
Quel mépris de l'amour ou quel oubli des roses ?
O Fleur de sacrifice ! O Fleur de Volupté !

IV

Désertant l'eau qui dort, les pleurs vivants des saules
　　Parmi sa chevelure abondante ont coulé,
Et les lis paresseux ont pourtant seuls filé
La clarté qui jaillit de ses blanches épaules.

Non pareille à la fleur pâle dont chaque nuit,
Vase empli de rayons, referme la corolle,
Dès que le soir descend sur nous, sa bouche folle
S'illumine de rire et, rouge étoile, luit.

Tout est gaîté, chanson, insolence — que sais-je ?
Et mépris de l'amour dans son être joyeux.
Un rêve cependant parfois passe en ses yeux
Pareils à deux bluets qu'aurait surpris la neige.

V

Sur ta poitrine vierge, une abeille amoureuse
Grave, d'un dard brûlant, deux pudiques rougeurs
Et pose, en bourdonnant, sur ta lèvre peureuse,
Le miel des longs baisers aux moiteuses fraîcheurs.

Sous ta poitrine vierge, une source mystique
S'entr'ouvre au cœur du marbre et l'emplit de frissons,
Et murmure, et t'endort au bruit de ses chansons,
Comme Narcisse au bord de la fontaine antique !

Sur ta poitrine vierge, essayant ses clartés,
Enfant, le doux soleil de ta quinzième année
Fleurit le lis tremblant des chastes voluptés.

Sous ta poitrine vierge, une douleur est née ;
Déjà tes lèvres, femme, ont appris les sanglots,
Et, sous le faix des pleurs, tes doux yeux se sont clos !

VI

Des yeux noirs que fait rire un clignement mutin ;
Chevelure qu'un vol de brise a caressée ;
Une bouche railleuse aux deux coins retroussée.
Comme un croissant de pourpre en un ciel de matin.

Bijou du vieux Paris sur un corps florentin,
Cette tête charmante, en traits fins esquissée,
Surmonte un buste où dort l'immortelle pensée
Des vieux maitres épris d'un idéal lointain.

Comme d'un mont neigeux, de ses épaules blanches
Un grand fleuve lacté roule jusqu'à ses hanches,
Chantant le rhythme d'or de l'antique beauté.

Impérissable éclat de la forme sacrée,
Souvenir de Vénus par le flot reflété,
Corps de déesse et front de lutin — c'est Andrée.

Memento.

Souvent à la clarté qui tremble
Sur l'âtre en feu, je les revois,
Les amoureuses d'autrefois!
Je les revois toutes ensemble.

Elles gravissent lentement
Le coteau fleuri de mon rêve,
Dans mon cœur réveillant, sans trêve,
Le remords du dernier serment.

Comme les flots d'une onde morte,
Passe leur chœur silencieux.
Leur mystique regard m'apporte
Le pardon des derniers adieux.

Ces doux spectres au front de femme,
Ces chers hôtes de mon foyer,
Ces débris aimés de mon âme
Me rendent à moi tout entier.

Alors, enivrante et profonde,
M'envahit la tentation
De suivre, par delà le monde,
Cette blanche procession.

Au doux pays où l'ont suivie
Ceux qui ne se consolent pas;
Où s'accroît la future vie
De tout ce qu'on perd ici-bas!

Où lentement se recompose,
Et souvenir à souvenir,
Notre être que doit rajeunir
L'éternelle métamorphose.

Car les gazons où j'ai pleuré
Me doivent compte d'une larme;
Car un fol espoir, comme une arme,
Au fond de mon cœur est entré!

Car vous fuyez avant l'aurore,
O vous qu'en pleurant, je revois,
Et je veux vous aimer encore,
Mes amoureuses d'autrefois!...

Alors, à la clarté qui tremble
Sur le chemin des trépassés,
Quand nous recompterons ensemble
Le trésor des bonheurs passés,

Rappelez-vous, ô bien-aimées,
De ces jours, de tous les meilleurs,
Et de tant d'heures consumées
En tant de baisers et de pleurs!

INTERMÈDES PAÏENS

Prologue

Mes vers ne sont pas les abeilles,
Chastes pourvoyeuses de miel,
Qui, sur les floraisons vermeilles,
Promènent l'or vivant du ciel.

Ce sont les cantharides vertes,
Apres aux lourdes frondaisons
Et dont les ailes entr'ouvertes
Distillent d'amoureux poisons.

Ce ne seront plus choses vaines
Que les maux qu'ils m'auront coûtés
S'ils font couler dans d'autres veines
Le suc mortel des voluptés

S'ils sont le fouet qui tourmente
La chair inhabile au plaisir;
Si l'amant les dit à l'amante
Pour aiguillonner son désir;

Si, pétris d'immortelle fange,
Par les siècles, — cruels charmeurs,
Ils emportent le mal étrange
Dont j'ai cru vivre et dont je meurs!

LE PAYS DES NYMPHES

A Albert Liouville.

Prélude.

As-tu connu les temps où l'heure souriante,
Comme un fleuve d'azur s'écoulait en chantant,
Où tout était clarté sous le ciel éclatant,
Où l'écho redisait le doux nom d'Euriante?

Le soleil dans l'éther, la nymphe au fond des bois,
Des cœurs énamourés le tranquille délire,
Tout vivait sous les lois du thyrse et de la lyre
Dans les siècles païens qu'évoque encor ma voix.

Temps d'amour et de fête où j'ai rêvé de vivre,
Sentant le vert laurier trembler dans mes cheveux :
Temps d'amour et d'orgueil que j'aime et dont je veux
Evoquer le fantôme adoré dans ce livre!

I

Daphné.

Te souvient-il, Daphné, que tu m'aimas jadis,
Derrière l'horizon de ces âges maudits?
Sous les arbres profonds et le ciel de la Grèce,
Te souvient-il, Daphné, que tu fus ma maîtresse?

Tes beaux pieds nus foulaient mon cœur et les raisins ;
Mon rêve s'abritait à l'ombre de tes seins,
Et sur mon flanc meurtri d'une ardente brûlure
Tu laissais ruisseler ta rouge chevelure.

J'ai senti dans tes bras mon souffle se glacer :
Je suis mort de t'aimer et revis d'y penser,
Fille amère par qui mon âme, au temps ravie,
A connu la douleur bien avant cette vie.

II

Galathea.

Sous les saules d'argent pourquoi fuir mon approche,
Galathea, farouche aux amoureux larcins?
A quoi bon! car j'ai vu, dans ta course, tes seins
Haleter sur ton cœur comme un flot sur la roche.

J'ai vu ta jambe nue et ta robe, en flottant,
S'ouvrir comme une fleur aux rondeurs de tes hanches,
Et, du sommet neigeux que font tes cuisses blanches,
Poindre la toison d'or de ton ventre éclatant.

J'ai vu, dans un frisson, resplendir tes épaules
Et palpiter ta gorge au vent de la forêt.
Donc, puisqu'il n'est, en toi, rien qui me soit secret,
Pourquoi, Galathea, me fuis-tu sous les saules?

III

Myrto.

C'est toi, pâle Myrto, que je vis la première,
Souriante et debout sur l'or d'un ciel d'été.
Depuis que je te vis, dans mon œil enchanté
Ton image resta mêlée à la lumière.

Depuis ce temps, pour moi, le caprice des Dieux
A tressé de rayons ta chevelure blonde :
Émergeant de l'azur comme Vénus de l'onde,
Monte, avec le soleil, ton spectre radieux.

Nous sommes-nous aimés ?... — Moi, je voudrais apprendre
Que, vierge encor, tu ris dans l'Orient vermeil
Et que ta bouche, où rêve un éternel sommeil,
A reçu mon baiser sans savoir me le rendre.

IV

Thestylis.

Tes noirs cheveux m'ayant dérobé ton visage,
    Comme la Nuit où meurt la floraison des lis,
Des grâces de ta face, ô chaste Thestylis,
Les grâces de ton corps me furent un présage.

J'ai deviné l'éclat de tes yeux aux chaleurs
Divines de ton ventre et de ta croupe nue :
De mes mains à mes yeux ton image est venue,
Comme naît d'un parfum la vision des fleurs.

Va, tu n'as rien gagné de m'être ainsi farouche,
En me cachant ton front sous ce voile obstiné,
A parcourir tes flancs mes yeux l'ont deviné
Et mes baisers plus bas ont su trouver ta bouche.

V

Néère.

Néère m'avait dit : « S'il est vrai qu'on renaisse
Et que la grande mer des temps ait des reflux
En qui reparaîtront ceux qu'on ne voyait plus,
Retrouvons-nous, ami, dans une autre jeunesse.

« Dans un autre printemps nous saurons enfermer
Des siècles à venir la longueur infinie,
Et tous les biens que l'heure amère nous dénie :
Nous mettrons en commun le bien cruel d'aimer ! »

Quand le flot attardé quitte, en pleurant, la grève,
Je me souviens, Néère, et, triste d'être seul,
Les brumes t'entr'ouvrant leur humide linceul,
Je te revois fidèle et blanche dans un rêve.

VI

Lycoris.

Le jour où Lycoris, vierge à l'amour éclose,
Tendit à mon baiser son visage hautain,
La perfide sourit et, d'un geste enfantin,
Entre nos lèvres mit une feuille de rose.

Le parfum de la fleur, par son souffle doublé,
D'une ivresse sans nom fit ma poitrine pleine
Au travers de la rose aspirant son haleine,
Tout l'infini passa dans mon être affolé.

O souvenir charmant de la vierge farouche !
A jamais prisonnier d'un arome divin,
Vers les roses j'accours... Mais je demande en vain
A leur calice ouvert le parfum de sa bouche.

VII

Nysa.

N'as-tu pas retrouvé, Nysa, la fleur sauvage,
Qu'en m'en allant je mis dans tes cheveux épars?
T'a-t-elle dit pour moi : « Je t'adore ! je pars
Et la Mer qui m'emporte est la Mer sans rivage. »

As-tu tendu tes yeux mi-clos vers mon baiser,
Comme un oiseau furtif que l'aurore émerveille,
Et ton beau sein, meurtri des bonheurs de la veille,
A-t-il cherché longtemps ma main pour l'apaiser ?

As-tu senti l'absence et le deuil de mon être
Dans ta chair altérée et dans ton cœur ouvert?
D'un regret sans espoir as-tu longtemps souffert ?
Ou, riante, as-tu dit : il reviendra peut-être !

VIII

Chloë.

C'est à l'heure où, criblant de flèches d'or la nue,
Le soir monte, chasseur céleste, au firmament,
Que je revois, Chloë, ton fantôme charmant
Promenant dans l'azur sa blancheur toute nue.

Quand tu courais les bois, chasseresse de cœurs,
N'ayant pour vêtement que le carquois farouche,
Les regards de tes yeux, les rires de ta bouche
Volaient de tous côtés comme des traits vainqueurs.

Malheur à qui tendait à leurs atteintes sûres
Un sein trop confiant par l'amour désarmé !
— En suivant le chemin par ta course enflammé,
Chloë, j'ai recueilli d'immortelles blessures.

IX

Amaryllis.

Bonsoir, Amaryllis! — Viens-tu de la moisson,
La faucille à l'épaule et d'épis couronnée ?
Que d'étés ont compté les blés depuis l'année
Où mon premier baiser suspendit ta chanson !

Tu dormis bien longtemps sous la fraîcheur des herbes
Que la féconde Mort fait jaillir des tombeaux !
Survivant aux splendeurs de ta chair en lambeaux,
L'or de tes cheveux blonds fleurit encor les gerbes.

Quand le frisson vivant des épis onduleux
Te réveillera-t-il, ô ma chère endormie,
Dans un rouge pavot rouvrant ta bouche amie
Et dans les clairs bluets ranimant tes yeux bleus ?

X

Hélène.

Des cœurs jaloux, par toi, j'ai connu la détresse,
Hélène, et garde encore aux lèvres le poison
Qu'en un baiser mortel y mit la trahison,
Ame d'argile et d'or, douce et fausse maitresse !

Je n'ai, depuis ce jour, pu ravir mon esprit
Au souvenir cruel dont ma foi s'effarouche
Et je maudis celui qui laissa sur ta bouche
Cette saveur amère et que ma bouche y prit.

Ton œil fourbe a planté, comme une flèche sûre,
Le soupçon dans mes flancs : sans pouvoir l'arracher,
L'aile du vent qui passe et la fait trébucher
Secoue encor ma chair et rouvre ma blessure.

XI

Glycère.

O blanche courtisane, amoureuse éperdue
De quiconque passait sur ton joyeux chemin,
Un refrain sur la lèvre ou de l'or dans la main,
Quel trésor eût payé tant de beauté vendue !

Quel avare eût compté devant l'enchantement
De ta chair éclatante aux baisers résignée,
De ta crinière fauve et d'odeurs imprégnée,
De ta bouche menteuse où mourait le serment !

Prêtresse tour à tour à l'autel et victime,
Du temple de Vénus toi qui gardais le seuil,
O Glycère, ton nom vit dans mon âme en deuil,
Vendeuse d'infini, courtisane sublime !

XII

Lydé.

Ma première maîtresse et ma dernière gloire,
Mon bonheur déchiré, mon orgueil et ma foi,
J'ai trop vécu, Lydé, d'avoir vécu sans toi,
Par les siècles amers promenant ta mémoire.

Tu m'apparais, malgré la longueur du chemin,
Comme un dernier asile où tend ma destinée,
De roses s'effeuillant la tête couronnée,
Avec des lis brisés qui pendent de ta main !

Toi qui portes au front mes ivresses perdues,
Mon bonheur déchiré, mon orgueil et ma foi,
Par un anneau mystique et fort, je sens, en toi,
Aux heures d'autrefois mes heures suspendues !

A L'INNOMMÉE

I

Ouvre tes bras nus que j'y tombe
Pour y dormir, pour y mourir :
Las de vivre et las de souffrir,
J'y veux mon lit, j'y veux ma tombe.

Pends mon souffle dans un baiser ;
Brise mon cœur dans une étreinte,
Et, sous ta lèvre, vois sans crainte
Mon sang tarir et s'épuiser.

Car, si les dieux me font renaître,
Je rapporterai de la Mort
Le désir plus jeune et plus fort
De m'anéantir dans ton être !

II

Ce fut un rêve bien étrange :
Lorsque ta bouche à moi venait,
Dans tout mon être frissonnait
L'effroi de la bête qu'on mange.

C'était horrible et ravissant
De te servir ainsi de proie ;
Ma douleur égalait ma joie
A te repaître de mon sang.

Et lorsque ta lèvre brûlante
S'ouvrait, ta langue entre tes dents
Semblait à mes regards ardents
Un peu de ma chair pantelante.

I

Comme un râle désespéré
De bête fauve qu'on égorge,
Entre tes bras divins serré,
Des baisers montent à ma gorge.

Mes lèvres ne suffisent plus
A te les jeter sur les lèvres :
Ils m'étouffent ! — C'est comme un flux
De sanglots, de cris et de fièvres

Qui monte de mon cœur blessé
Et vient se briser sur ma bouche,
Quand, par tes bras nus enlacé,
Chair à chair ton beau corps me touche.

IV

Sur tes reins caressants mes yeux,
Comme sur la mer sans rivage,
S'embarquent pour le cher voyage
De ton corps superbe et joyeux.

Comme une vague qui s'élève,
Blanche, dans l'éther azuré,
Ta croupe au long reflet nacré
Jusqu'aux cieux emporte mon rêve.

Et, par le flot poussé toujours
Jusqu'à tes pieds divins, j'y pose
Mes lèvres sur le corail rose
De leurs ongles aux fins contours.

V

Ton ventre est un lac que Décembre
    Dans un frisson glacé surprit
Et ton nombril aux lèvres d'ambre
Comme un nénuphar y fleurit.

De l'étang gelé que protège
Un coin de bois aux noirs rameaux
Descendent tes cuisses de neige,
Ainsi que deux fleuves jumeaux.

Et, faits d'antiques avalanches,
Sous des cieux fermés désormais,
Tes seins sont deux collines blanches
Dont l'aube rougit les sommets.

VI

Sein de la femme où l'on aspire,
— Enfant la vie — homme la mort,
O toi le meilleur et le pire
Des biens dont le désir nous mord ;

Colline où mûrit la vendange
De nos désirs jeunes et vieux,
Forme auguste que rien ne change,
Coupe immortelle des aïeux,

Je t'adore, ô sein de la femme
Et je te baise avec ferveur,
Sentant monter jusqu'à mon âme
Ta fauve et mortelle saveur !

VII

Ta bouche a des saveurs de mûre,
L'âpre goût des fruits du chemin
Vers qui le passant tend la main
Avant que la vigne soit mûre.

Qui se soûle de ce butin
Tremblera bientôt sous les fièvres :
Sa pourpre amère laisse aux lèvres
Une soif que plus rien n'éteint.

La soif qui me brûle est pareille,
Et, l'ayant prise à ton baiser,
Fou ! je cherche pour l'apaiser
Ta bouche sauvage et vermeille !

VIII

C'est l'odeur chaude de tes seins
Qui me pénètre, que j'emporte,
Qui, d'un vol de rêves malsains,
Me poursuit par delà ta porte.

Je respire et je te revois,
Dans mon souffle à moi revenue :
Mon oreille guette ta voix
Et mes mains cherchent ta chair nue.

Parfum de la femme, ô poison
Subtil qui nous vient de son âme,
Et sur notre vaine raison
Prolonge son pouvoir infâme !

IX

Cependant que la nuit arrive,
Calme parmi l'immensité,
Et, comme un prisonnier me rive
A ton corps cher et détesté,

Durant que des astres sans nombre
Viennent consoler l'horizon,
Pour moi tout s'éteint dans ton ombre
Et s'efface dans ma raison.

Tes noirs cheveux, comme des toiles
Qu'un fantôme tendrait sans bruit,
Arrêtent au vol les étoiles
Et font plus épaisse ma nuit!

X

La lampe agonise et je veille
Penché sur ton corps endormi,
Sur ton cœur qui m'est ennemi,
Sur ta beauté qui m'émerveille.

Le sommeil n'a pas désarmé
Le pouvoir mortel de tes charmes :
Ton œil qui ne sait pas les larmes
Sur un rêve d'or s'est fermé.

Et je souffre cette torture
De me sentir lâche à ce point
Qu'au cœur je ne te frappe point,
Vile et sereine créature !

XI

La lourdeur des rideaux me pèse;
Derrière eux, lassé du sommeil,
Je sens monter le jour vermeil,
Sur le flot profond qu'il apaise.

Lumière immortelle! ô clarté
Rouge et sereine de l'aurore,
Viens! mais sans réveiller encore
Celle qui dort à mon côté.

Laisse à l'ombre cette inconnue,
Cet hôte perfide et vainqueur...
Cependant verse dans mon cœur
L'apaisement de ta venue!

X

J'ai laissé l'honneur à ta porte
  Et j'y retrouve le mépris ;
Fille cruelle, tu m'as pris
Le meilleur de moi, mais qu'importe

Ce que tu m'as donné vaut bien
Que pour l'avoir on reste infâme. —
Hormis tes caresses, ô femme !
L'univers entier ne m'est rien.

Rien, fors ton amour, ne me touche,
Et la honte même, à mon cœur,
Est une adorable liqueur,
Puisque je la bois sur ta bouche !

SONNETS PLASTIQUES

A Jean Béraud.

Les Filles de la Mer.

I

Les filles de la mer gardent dans leurs cheveux
Le frisson languissant des algues maternelles
Et le flux onduleux qui vit encore en elles
Court de leurs reins profonds jusqu'à leur cou nerveux.

On voit luire et passer dans leurs vertes prunelles
Les perfides clartés du flot aventureux.
L'abîme les emplit et veille dans leurs creux
Avec l'attrait fatal des choses éternelles.

Une lame en fuyant a fait leur regard clair;
L'âcre saveur du sel imprègne encor leur chair,
Et leur bouche sourit comme la fleur marine

Qu'emporte l'océan sous le soleil vainqueur :
Les vagues ont rythmé le vent à leur poitrine
Et c'est dans un rocher que fut taillé leur cœur.

II

Dans leur cœur sans merci les filles de la mer
Ont gardé les fureurs d'Ariadne blessée.
En elles vit encor l'amante délaissée
Et qui venge sur nous un souvenir amer.

Voilà pourquoi leurs yeux froids ont l'éclat du fer
Par qui, d'un trait lointain, la poitrine est percée
Et, comme deux miroirs, où revit leur pensée,
Reflètent le foyer d'un éternel enfer.

Voilà pourquoi, parmi leur chevelure blonde,
Coule, ainsi qu'au soleil quand étincelle l'onde,
L'or des astres tombés et des rêves perdus.

Pourquoi leur bouche fine a ce cruel sourire
Et leur poitrine où plus rien d'humain ne respire
Ne tend qu'un fruit pervers à nos bras éperdus.

Léda.

Calme dans la beauté sereine de son corps
Où la froide clarté de son âme se mire,
Léda rêve au penchant des coteaux ; elle admire
Son être harmonieux fait de grâce et d'accords.

Ignorant la douleur et rebelle au remords,
Les poètes pour elle ayant brisé leur lyre,
Distraite, elle sourit au tranquille délire
Du beau cygne inconnu dans le pays des morts.

Idole au cœur d'airain, damnation des justes,
Femme, l'humanité meurt à tes pieds augustes,
Ayant bu le poison cruel de ton baiser !

Les Dieux même, jaloux de nos saintes tortures,
Sont venus dans tes bras chercher des sépultures
A leurs désirs vaincus mais jamais apaisés !

La danse d'Acté.

Aussitôt que la danse ouvre, en chantant, son aile,
Comme penche une fleur sous le vol d'un oiseau,
Aussi blanche qu'un lis, plus souple qu'un roseau,
Acté sent un frisson se réveiller en elle.

Comme un astre lancé sur sa route éternelle
La cadence l'entraîne; on suit, comme un flambeau,
Le sillon lumineux de son corps jeune et beau,
Et l'or vivant d'un ciel brûle dans sa prunelle.

Sa poitrine se gonfle au reflux de son cœur;
Ses cheveux dénoués par le rythme vainqueur
Baisent son cou de neige et son épaule nue.

Tout son être subit un magique pouvoir
Et, quand ses pieds divins s'effleurent, on croit voir
Voltiger, bec à bec, deux ramiers sous la nue.

Les Monstres.

Au temps de l'âge d'or, le monde encore enfant
  Et rayonnant parmi ses langes de verdure
Souriait, plein d'espoir, à l'homme triomphant.
— L'homme Roi dominait l'immortelle nature.

Des êtres monstrueux, plus gros que l'éléphant,
Sans armes contre lui le servaient sans murmure.
Nul plaisir n'était vain et nulle ivresse impure.
— L'homme Roi dominait tout l'univers vivant.

C'était sur ses désirs qu'il comptait ses maîtresses.
Cythéré lui jetait ses filles tour à tour.
Et, quand il avait bu le sang de leurs caresses,

Parfois, saoul de la femme et non saoul de l'amour,
Dans les flancs d'une louve ou d'une ourse marine,
Sans honte, il épanchait sa semence divine.

SOUHAITS ET DÉDICACES

I

A une Passante.

Que ne t'ai-je connue au temps de ma jeunesse !
Dans un rêve d'amour j'aurais su t'enfermer.
Tout renait, le printemps, le jour, l'espoir d'aimer.
Pourquoi n'est-il permis que notre âge renaisse ?
Que ne t'ai-je connue au temps de ma jeunesse !

Que ne t'ai-je trouvée au penchant d'un chemin,
Sans asile, meurtrie et de tous rebutée...
Doucement, dans mes bras je t'aurais emportée,
Le soleil sur le front et des fleurs dans la main...
Que ne t'ai-je trouvée au penchant d'un chemin !

Que ne t'ai-je donné le meilleur de ma vie,
L'or fragile et vivant de mes bonheurs perdus,
Ce que m'ont pris l'ivresse et les baisers vendus !
Comme un prêtre à l'autel, que ne t'ai-je servie !
Que ne t'ai-je donné le meilleur de ma vie !

II

A une Jeune Fille.

O Vierge, sais-tu le chemin
Que mes pas ont rêvé de suivre ?
— Le seul jour que je voudrais vivre
Serait un jour sans lendemain.

Je le choisirais dans ta vie,
Au seuil de ton printemps vermeil,
Comme une fleur que le soleil
A l'ombre mortelle a ravie.

De toi seule le ferait plein
Ta beauté charmante et farouche ;
L'aurore en serait sur ta bouche
Et sur ta bouche le déclin.

Tu le mesurerais toi-même,
Donnant à son cours incertain
Ton premier regard pour matin
Et pour soir ton adieu suprême !

III

En envoyant des Fleurs.

Heureuses ces fleurs que Décembre
Épargne pour te les offrir.
Aux tièdes parfums de ta chambre
Elles vont lentement mourir.

Elles mourront mais pour renaître
Aux couleurs de ton teint charmant,
Aux chères odeurs de ton être,
A tout ce qu'on aime en t'aimant.

Elles mourront, mais leur haleine
Autour de toi va s'épuiser
Et, de caresses toute pleine,
En s'envolant t'ira baiser.

Voilà pourquoi je les envie
En te les envoyant, ces fleurs,
Et voudrais, lassé de la vie,
Mêler mon âme avec les leurs.

IV

En aimant.

Je voudrais que mon cœur fût une coupe pleine
Pour la tendre à ta soif et l'y voir s'apaiser ;
Je voudrais que mon sang, mêlé dans mon haleine
Comme une rouge fleur montât vers ton baiser ;
Je voudrais que le vent qui traverse la plaine
Prît mon souffle et le vînt sur ta bouche épuiser !

Je voudrais que mon cœur fût une herbe menue
Pour l'étendre à tes pieds et les voir s'y poser,
Pour sentir leur frisson sur ma poitrine nue
Et sous leur poids charmant mon être se briser,
Et, comme une rosée épaisse sous la nue,
Goutte à goutte et longtemps mon sang les arroser !

Je voudrais que mon cœur fût une grappe mûre
Pour le tendre à tes dents et te voir le meurtrir,
Aux saveurs de ta bouche aspirer leur morsure,
Par elles déchiré, m'enivrer de souffrir ;
Je voudrais que mon cœur fût toute la nature,
Tout ce qui pour toi vit et par toi peut mourir !

V

A un Mort qui passe.

Qui que tu sois, mort qui t'en vas,
Je te salue et je t'envie ;
J'ignore ce que tu trouvas
De doux ou d'amer dans la vie ;

J'ignore si tu fus aimé
De ceux-là même qui te pleurent.
Notre cœur est bientôt fermé
Et nos chagrins aussi nous leurrent.

J'ignore si tu fus clément,
Juste et doux pour les autres hommes.
Notre bonté souvent nous ment
Et Dieu nous fit ce que nous sommes.

Mais je sais que, le soir venu
Et la tâche enfin révolue,
Dormir est doux ! — Mort inconnu,
Voilà pourquoi je te salue !

Anniversaire.

A Albert Liouville

I

L'AÏEULE est là debout : quatre-vingt-six années
N'ont pas dompté son corps frêle ni son esprit.
En sillons glorieux le devoir est écrit
Sur ses tempes d'argent et d'honneur couronnées.

L'exemple est là debout qui dit à tous : Aimez
Donnez à vos enfants la moitié de votre âme :
A se répandre ainsi s'en ravive la flamme
Qui ne s'éteint trop tôt que dans les cœurs fermés.

L'exemple est là qui dit : Vivez pour la famille,
Pour l'austère vertu, pour le foyer plus doux,
Pour tout ce qui respire à votre ombre et par vous,
Comme aux pieds du grand bois les fleurs de la charmille.

L'Exemple est là qui dit : Pour nous rien n'est perdu.
Car, pareille à l'aïeule et vaillante comme elle,
La France porte en soi sa jeunesse éternelle
Et son honneur sera par ses fils défendu.

II

Près de l'aïeule, ainsi qu'un lis pur sous les branches,
Croit sa petite-fille — elle a seize ans comptés.
Tels, sous les cieux baignés de polaires clartés,
On voit les couchants d'or se joindre aux aubes blanches.

Ce que dit celle-ci, vous tous, vous le savez;
L'enfant dit : je suis l'aube et je suis l'espérance.
Mes yeux n'ont eu de pleurs que les pleurs de la France,
Mais je sens dans mon cœur ses destins relevés!

De l'aïeule à l'enfant quelles saintes caresses!
Heureux ceux que le temps, de si loin, réunit,
Tiges du même tronc, oiseaux du même nid,
Cœurs faits du même sang et des mêmes tendresses!

A toutes deux buvons un verre de vin vieux,
A l'aïeule! à l'enfant! au sort qui les rassemble!
Puissent nos yeux longtemps les contempler ensemble.
En elles saluons nos fils et nos aïeux.

14 janvier.

Sonnet à Eugène Froment.

Honneur des anciens jours, éternelle Beauté,
Gloire des corps mortels que la grâce décore,
Dans nos âges pervers, on voit fleurir encore,
Pour les artistes seuls, la sainte nudité.

Car, sous leur front pensif par les rêves hanté,
Le vieux mythe païen dont la Grèce s'honore,
A l'appel du crayon et du rythme sonore,
Renaît dans sa jeunesse et dans sa majesté.

Les torses radieux aux divines allures
Se tordent sous le flot des longues chevelures;
L'azur profond frémit sous le vol des pieds blancs.

Le cortège sacré des jeunes immortelles
Monte de l'orient avec des splendeurs telles
Qu'une vague terreur fait nos genoux tremblants!

Sonnet à Banville.

L'ÉTERNITÉ se rit des caprices de l'heure;
La blancheur reste après la floraison des lis :
— Sous les temps envolés et les lointains oublis,
Je ne sais que l'Amour qui vaille qu'on en pleure.

Toute étoile s'éteint, mais la clarté demeure;
L'espoir survit encore aux bonheurs abolis :
— Sous les rêves brisés et les astres pâlis,
Je ne sais que l'amour qui vaille qu'on en meure.

Ayant pris notre chair jusqu'au dernier lambeau,
Lui seul doit nous ouvrir la porte du tombeau,
Au seuil de l'inconnu jalouse sentinelle.

Sa main rigide ayant fermé mes yeux au jour,
Plein du pressentiment de la chose éternelle,
Ayant tout oublié, je ne sais que l'Amour.

Sonnet à Jose Maria de Heredia.

C'est dans l'or des couchants que mon rêve nous taille
Un tombeau de lumière où, comme le soleil,
Nous descendrons, marquant d'un sillage vermeil
Le sang versé par nous dans l'humaine bataille.

Il le faut large et haut pour qu'il soit à la taille
De l'amour que j'emporte en mon dernier sommeil ;
Il le faut éclatant, fulgurant et pareil
Aux horizons en feu, Poète, pour qu'il t'aille !

Nous y dormirons bien dans l'immortalité.
Mêlant de nos esprits la jumelle clarté
Pour fuir, avec le Jour, la terre méprisée.

La Nuit se lèvera pour nous baiser au front
Et, dans l'immensité, nos âmes sentiront
Des étoiles en pleurs descendre une rosée !

Sonnet à Albert Liouville

POUR LA MORT D'ERNEST PICARD.

Porte d'un cœur viril cette douleur austère.
Pleure en homme cet homme à l'esprit ferme et droit.
Il n'est pas tout entier dans le cercueil étroit.
Il n'est pas tout entier descendu sous la terre.

Il nous a précédés dans l'éternel mystère
En servant la Justice et la montrant du doigt.
C'est un calme repos que le destin lui doit :
De peur de le troubler ta douleur doit se taire.

Des morts comme ceux-là ne sont morts qu'à demi.
Une âme veille autour de leur corps endormi ;
Ce qui fut leur pensée est resté dans la nôtre.

Pleure cet homme en homme et donne-moi ta main,
Ami ! Puis, tous les deux, marchons dans son chemin.
Le devoir ne saurait nous en montrer un autre.

Sonnet à Henner

FAISANT MON PORTRAIT.

Va, ne me cherche pas dans ces images vaines.
Tout ce qui fut de moi dans mon œuvre est resté.
Celle que je nommais l'immortelle Beauté
A bu, dans un baiser, tout le sang de mes veines.

J'ai laissé fuir mon cœur à ses lèvres hautaines,
Comme un torrent perdu par l'orage emporté.
Je n'ai pas défendu mon être aux vents jeté
Et je ne compte plus mes blessures lointaines.

Car le temps a fermé leur rouge floraison
Et, comme ces jardins dans la rude saison,
De tout enchantement mon âme est dépouillée.

Je suis l'arbre debout sur le ciel gris d'hiver
Qu'on croit vivant encor mais dont un rameau vert
N'ornera plus le front ni la cime effeuillée.

Sonnet à Feyen-Perrin.

Tel qu'un aigle emplissant de clarté sa prunelle
Pour chercher dans l'azur ses sublimes chemins,
Le soleil, par delà l'essor des yeux humains,
Tente, d'un vol plus haut, la vigueur de son aile.

Comme un lévite au jour de fête solennelle
Répandant sur ses pas les fleurs à pleines mains,
Par un tapis de lis, de roses, de jasmins,
Mai le guide au sommet de sa course éternelle.

L'astre vers le zénith s'élève en souriant,
Et la terre, aux baisers plus chauds de l'Orient,
Sent l'esprit des parfums et des chants sourdre en elle.

En attendant le Dieu, dans l'air tiède du soir,
Mai balance déjà l'âme des encensoirs,
Comme un lévite aux jours de fête solennelle.

Sonnet à Jean Béraud.

Toi qui pendis, saignant, aux cimes du Calvaire,
　　Comme un fruit dédaigné du Paradis perdu,
Christ au flanc déchiré, comme un cep mort tordu,
Et que pour tes douleurs l'humanité révère ;

Malgré le mal empreint à ta face sévère
Et l'horreur de ton front par l'épine mordu,
Et l'éponge du fiel à tes lèvres tendu
Par l'ignoble bourreau las de boire à plein verre,

L'effroi de ton supplice en vain glace mes sens :
Sous la vaine clameur des bourreaux innocents,
J'entends l'adieu divin qu'exhala Madeleine.

Dans ses fauves cheveux ton corps fut embaumé.
Sa bouche sur ta bouche épuisa son haleine.
— Je ne plains pas Jésus : les femmes t'ont aimé !

Sonnets à une tragédienne.

I

Des seuls dieux encor demeurés
L'art immortel vous fit prêtresse,
Et je baise vos pieds sacrés
Sous le cothurne qui les presse.

Phèdre à la farouche tendresse,
Chimène aux tourments adorés,
Qu'en vous le doux spectre apparaisse
Des cœurs divins et déchirés !

Ah ! pourquoi faut-il que ta vie
Aux rêves dont l'âme est ravie
Mêle ses mensonges pervers !

Pourquoi nos sanglots et nos fièvres
Ne restent-ils pas sur vos lèvres,
O saintes diseuses de vers !

II

Sœur de la Muse antique en ces temps exilée,
Vous qui gardez le seuil de mes dieux abolis,
J'adore, en vous, le Beau dont vos traits sont pâlis
Et l'Idéal lointain dont votre âme est troublée.

Et je salue en vous l'Immortelle voilée
Dont la main, protégeant les œuvres accomplis,
Détournant la muette injure des oublis,
Porte de nos grands morts l'image inviolée.

Ni vous ni moi n'avons fléchi devant l'autel
Qui mêle ses encens à la clameur des rues
Et l'Art que nous servons est un art immortel.

Voilà pourquoi, tout pleins des choses disparues
Et se sentant proscrits par les âges pervers,
Sœur de la Muse antique, à vous s'en vont ces vers!

Sonnet à Madame A***.

FALVAGUE.

TELLE j'ai vu la vague et vous ai reconnue :
L'infini de la mer rêve dans vos yeux bleus
Et votre chevelure aux frissons onduleux
Des caprices du flot s'est longtemps souvenue.

Telle en jaillit Vénus éblouissante et nue,
Inondant de blancheur l'horizon nébuleux,
Posant, sur le chaos des océans houleux,
L'immortelle splendeur de la forme inconnue.

Dans votre chant léger, sonore et scintillant,
Vit le rythme argentin des lames s'éveillant,
A l'heure où l'Orient de pourpre se décore.

Un bruit de perles court sous l'éclat de vos dents
Que votre bouche enchâsse en deux coraux ardents...
Telle j'ai vu la vague et je vous vois encore !

VERS POUR ÊTRE CHANTÉS

Poème de mai.

I

Nous nous aimerons, si tu veux,
 Tout un printemps ! la douce chose !
 Je mettrai dans tes blonds cheveux
La première violette et la dernière rose !

 Tant que les lis revêtiront
 Leur manteau de neige et de soie ;
 Tant que les oiseaux chanteront,
Nous mettrons, si tu veux, en commun notre joie.

 Et seulement quand jaunira
 La verte toison des prairies,
 Le même souffle effeuillera
Nos défuntes amours et les roses flétries !

II

J'ai bu, dans l'haleine des fleurs,
Le premier souffle de ta bouche ;
Au front d'argent du lis farouche
J'ai lu tes premières pâleurs.

Le chant de tes lèvres rosées,
Les oiseaux me l'avaient appris.
Et tes dents, lorsque tu souris,
Y perlent comme des rosées.

Le long enchantement des cieux
Avec toi descend sur la terre
Et se confond dans le mystère
De ton être délicieux !

III

Mon amour, l'heure est vagabonde
Et rien ne la peut retenir,
Il nous faut enfermer un monde
Dans notre plus cher souvenir !

Le temps s'enfuit, qu'une caresse
Enlace chacun de ses pas.
Épuisons, ma belle maîtresse,
Un bonheur qui ne revient pas.

Les roses sont grandes ouvertes.
Ouvrons tout grands nos cœurs blessés
Et cachons sous les branches vertes
Nos fronts l'un sur l'autre pressés.

Notre peine sera profonde
Quand ces beaux jours seront finis.
— Les oiseaux ont quitté les nids,
Mon amour, l'heure est vagabonde.

IV

Ah! tu m'as déchiré le cœur,
    Perfide que j'ai trop chérie!
Tes regards étaient raillerie
Et ton sourire était moqueur.

Ton faux amour n'était qu'un leurre :
    Car, tout à l'heure,
J'ai vu sur d'autres yeux tes doux yeux s'attendrir.
    Près de moi tu passais, farouche,
    Et sur ta bouche,
J'ai vu la rouge fleur du baiser s'entr'ouvrir.
    Ah! qu'il eût mieux valu, parjure,
    Sans cette injure,
T'échapper de mes bras et me laisser mourir!

    Il était donc trop long, cruelle,
    Ce printemps, pour ton cœur pervers!
    A peine les lis sont ouverts
    Et déjà tu m'es infidèle!

V

J'aime le mal dont j'ai souffert :
C'est comme au sortir d'un enfer
Que, vers toi, mon regard s'élève ;
Et mon cœur traversé d'un glaive
T'est, comme un holocauste, offert.

Le doute creuse la blessure
Où l'amour cruel se mesure
Au sang lentement répandu.
Mon cœur, par le soupçon mordu,
S'est réveillé par la morsure.

Pauvre fou ! j'ai cru que j'aimais !
Ah ! je t'aime plus que jamais
D'avoir fait ma peine si dure.
Seule ici-bas souffrance dure
Et je suis à toi désormais.

Regarde-moi bien que je plonge
Dans tes beaux yeux pleins de mensonge
Comme au plus profond de la mer
Et que j'y fasse plus amer
Le souci mortel qui me ronge !

VI

L'aile chaude des jours d'été
S'alourdit dans les cieux moroses.
Le bonheur nous était compté.
Adieu, l'amour! Adieu, les roses!
Mais que leur souvenir dure l'éternité.

J'avais cru mon âme plus forte
Et moins facile à se briser.
Je sens que ma jeunesse est morte.
Je pars!... Mais qu'un dernier baiser
Ferme ta bouche en fleur sur l'adieu que j'emporte.

Quand refleuriront les printemps
Au seuil verdoyant de l'année,
Parmi leurs trésors éclatants,
Garde cette rose fanée.
Elle aura parfumé nos rapides instants.

Hélas! notre ivresse fut telle
Qu'il fallait l'épuiser d'un trait.
La violette, où donc est-elle?
Le lis! qui le réveillerait?
— La fleur du souvenir est la seule immortelle.

Chanson de Printemps.

Pieds frileux et cheveux dorés,
  Le beau printemps court par les prés,
Sous l'azur tiède de la nue.
Il fait sur les pommiers en fleurs
Neiger les dernières pâleurs
  De l'aube nue.

Puis de l'orient plus vermeil,
Comme après un divin sommeil,
Il fait jaillir à flots les roses,
Et, dans l'air empli de parfums,
Chasse les souvenirs défunts
  Des jours moroses.

Il met parmi le blé nouveau
Les gouttes de sang du pavot
Comme des blessures légères,
Déchaine les zéphyrs méchants
Qui font pleurer les lis penchants
  Sur les fougères.

Il ouvre les lis et les cœurs
Et, sous ses petits doigts vainqueurs,
Aime à meurtrir les fleurs de neige.
— Fillettes aux cheveux dorés,
Le beau printemps court par les prés,
　　Dieu vous protège !

Chanson d'Été.

Voici que l'or vivant des blés
    Sous les faucilles s'amoncelle,
Tandis que l'or des cieux ruisselle
Au front des chênes accablés.
Partout la lumière est en fête :
Dans l'azur rayonnant et sur la moisson faite,
Partout en flots divins s'épanche la clarté.
        Gloire à l'été !

    Sous la morsure des soleils
    Toute sève brise l'écorce
    Et vient épanouir sa force
    Dans la pourpre des fruits vermeils.
  Partout sur les bois, dans la plaine
La vie a débordé comme une coupe pleine
Et le sang de la terre a vers les cieux monté.
        Gloire à l'été !

Sous les midis silencieux
De la canicule qui passe,
On dit qu'un baiser dans l'espace
S'échange de la terre aux cieux.
De cette caresse féconde
Naissent les biens sacrés qui font vivre le monde.
En elle est la lumière et la fertilité.
   Gloire à l'été !

Chanson d'Automne.

Toi qui viens frapper à ma porte,
  Dis-moi ce que ta main m'apporte,
Pâle automne ?
          — Une feuille morte.

Le mince présent, sur ma foi !
En me l'offrant, au moins, dis-moi
Ce qu'il veut dire ?
          — Souviens-toi

Cette dépouille inanimée,
Qui donc, d'une main parfumée,
Te la remit ?
          — Ta bien-aimée.

Gage d'amour ou de remords,
Ce bien cher entre les trésors,
D'où vient-il ?
          — Du pays des morts

Chanson d'Hiver.

La neige a vêtu d'hermine les bois
Et le givre y pend ses frêles dentelles.
— Quand revient l'hiver, je songe et je bois
Au pays lointain des fleurs immortelles.
    Rappelons-nous! les lis flottants
    Montent dans les cieux palpitants...
    En route, mon âme, et courage!
La tiédeur du foyer nous permet ce mirage.
  Fermons les yeux pour rêver au printemps!

Un voile brumeux flotte dans le vent
Et le soir y met sa bordure sombre.
— Quand revient l'hiver je pense souvent
Au pays lointain des soleils sans ombre.
    Rappelons-nous! quelle clarté
    Baigne d'azur l'immensité!
    En route, mon âme, et courage!
La chaleur du foyer nous permet ce mirage.
  Fermons les yeux pour rêver à l'été.

Dans l'air s'est éteint le bruit des ébats
Et la bise y met ses chansons étranges.
— Quand revient l'hiver je pense tout bas
Au pays lointain des longues vendanges.
 Rappelons-nous ! du cep moins vert
 Le fruit de pourpre s'est ouvert
 Et jusqu'au bord emplit la tonne.
Amis, fermons les yeux pour rêver à l'automne.
 Fermons les yeux pour oublier l'hiver !

Sérénade

Tout parle, le flot et la grève,
　　Le soir met partout son émoi.
Je veux te dire aussi mon rêve,
O toi que j'aime, écoute-moi !
— Le ciel est haut, la mer profonde,
La nuit est pleine de rayons.
Comme l'étoile vagabonde,
Tous deux entre le ciel et l'onde,
　　　　Fuyons !

Tout chante, le flot et la grève.
L'amour met partout son émoi.
Tout dit : Aimez ! car l'heure est brève.
O toi que j'aime, exauce-moi !
— Le ciel est haut, la mer profonde ;
Plus loin que la plaine, les monts
Et les lassitudes du monde,
Tous deux entre la terre et l'onde.
　　　　Aimons !

Tout pleure, le flot et la grève,
L'aube met partout son émoi.
L'aube a chassé le temps du rêve.
O toi que j'aime, réponds-moi !
— Le ciel est haut, la mer profonde,
La route obscure, où nous entrons.
Avant que s'éveille le monde,
Tous deux entre la terre et l'onde,
   Mourons !

Aubade.

Des bords vermeils du ciel changeant
    Voici que la clarté ruisselle
Et que la rosée étincelle
Partout en poussière d'argent.
  Quand, sur la bruyère endormie,
  Se posera ton pied mutin,
  Toutes les splendeurs du matin
S'éveilleront pour te fêter, ô mon amie !

  L'alouette dans le ciel clair,
  Au bord du toit les hirondelles,
  Partout un frémissement d'ailes
Met un frisson joyeux dans l'air.
  — Quand près de la source endormie,
  Tu viendras parmi les roseaux,
  Toutes les chansons des oiseaux
S'éveilleront pour te charmer, ô mon amie !

Des bois qui bordent le chemin
Monte et se répand sur la plaine
Un souffle où se confond l'haleine
Des violettes et du jasmin.
— Quand sous la feuillée endormie,
Nous marcherons d'un pas distrait,
Tous les parfums de la forêt
S'éveilleront pour t'embaumer, ô mon amie !

Credo.

Je crois aux choses éternelles
De la lumière et de l'amour.
Car la Beauté, comme le Jour.
Allume un feu dans nos prunelles.
Car les femmes portent en elles
L'ombre et la clarté tour à tour.
— Je crois aux choses éternelles
De la lumière et de l'amour !

Je crois que tout vit sur la terre
Par le soleil et le baiser.
Car tous les deux savent briser
L'effroi de la nuit solitaire.
Car la douleur, divin mystère !
Tous les deux savent l'apaiser.
— Je crois que tout vit sur la terre
Par le soleil et le baiser.

Je crois que tout meurt et se presse
Vers l'ombre du dernier sommeil,
Hors l'éclat de l'astre vermeil
Et le pouvoir de la caresse,
Hors ce que nous versent d'ivresse
Ou le sourire ou le soleil.
— Je crois que tout meurt et se presse
Vers l'ombre du dernier sommeil !

Chanson Lorraine.

Durant tout le long de l'année,
Par les jours tristes ou joyeux,
Je ne puis détourner mes yeux
De la Patrie abandonnée.
Dans les jardins on voit s'ouvrir
Des roses, les roses de France !
O soleil qui fais tout fleurir,
Prends pitié de notre espérance

Durant tout le long de l'année,
Par les jours tristes ou joyeux,
Je ne puis détourner mes yeux
De la Patrie abandonnée.
On voit les vergers se couvrir
De fruits — les fruits dorés de France.
O soleil qui fais tout mûrir,
Hâte aussi notre délivrance !

Durant tout le long de l'année,
Par les jours tristes ou joyeux,
Je ne puis détourner les yeux
De la Patrie abandonnée.
Voici que l'hiver va flétrir
Les bois — les bois sacrés de France.
O soleil qui vois tout mourir,
Longue est aussi notre souffrance.

Amoroso.

Ton souffle a passé sur ma bouche,
   Mêlé dans l'haleine des fleurs,
Et tes lèvres ont bu mes pleurs,
Toi qui me fus longtemps farouche.
J'ai senti sous ton long baiser,
Mon sang fuir, mon cœur se briser.
Ton souffle a passé sur ma bouche !

Un frisson mortel prend mon être
Rien qu'au bruit léger de tes pas.
Tu parais et je ne sais pas
Si je vais mourir ou renaitre.
Reviens donc, sous ton long baiser,
Meurtrir mon cœur et l'apaiser.
   — Un frisson mortel prend mon être

Ah! par pitié, rends-moi ta bouche
Où passait l'haleine des fleurs,
Et dans mes yeux sèche mes pleurs,
Toi qui me fus longtemps farouche.
L'ivresse de ton long baiser,
Je n'ai pu, d'un coup, l'épuiser.
Ah! par pitié, rends-moi ta bouche!

Chansons Matinales

DANS LE GOUT DE THÉOPHILE DE VIAU.

Cependant que l'archer vermeil
Sur les bruyères réchauffées
Disperse l'or de ses trophées,
Vainqueur de l'ombre et du sommeil ;

Laissant les plaines embrasées
S'emplir de lumière et de chants,
A l'urne des coteaux penchants
Viens boire le frais des rosées.

Je sais un taillis si profond
Qu'aux fleurs même sur nous penchées,
Les peines resteront cachées
Que ton rire et tes yeux me font.

J'oublierai le mal que j'endure
Aux sereines clartés du jour
Et jetterai sur mon amour
Un linceul riant de verdure ;

Et je chanterai le destin,
Cependant que ton pied superbe
Foulera mon cœur parmi l'herbe
Que mouillent les pleurs du matin.

La Fée aux Chansons.

Il était une fée
D'herbes folles coiffée
Qui courait les buissons,
Sans s'y laisser surprendre,
Au printemps, pour apprendre
Aux oiseaux leurs chansons.

Lorsque geais et linottes
Faisaient de fausses notes,
En prenant leurs leçons,
Afin de lui déplaire,
C'était grande colère
Chez la fée aux chansons.

Sa petite main nue,
D'un brin d'herbe menue
Ramassé dans les champs,
Pour stimuler leurs zèles
Fouettait sur leurs ailes
Ces élèves méchants.

Par un matin d'automne
Elle vient et s'étonne
De voir les bois déserts ;
Avec les hirondelles,
Ses amis infidèles
Avaient fui par les airs.

Et, tout l'hiver, la fée,
D'herbes mortes coiffée
Et comptant les instants,
Sous les forêts immenses,
Compose des romances
Pour le prochain printemps.

La Fleur jetée.

Emporte ma folie
   Au gré du vent,
Fleur en chantant cueillie
Et jetée en rêvant,
— Emporte ma folie
   Au gré du vent !

Comme la fleur fauchée
   Périt l'amour.
La main qui t'a touchée
Fuit ma main sans retour.
— Comme la fleur fauchée,
   Périt l'amour.

Que le vent qui te sèche,
   O pauvre fleur,
Hier encor si fraiche,
Aujourd'hui sans couleur,
— Que le vent qui te sèche
   Sèche mon cœur !

Nysa.

Nysa, le temps qui, d'un coup d'aile,
Brise les fleurs, a respecté
Le souvenir doux et fidèle
Qui de ton amour m'est resté.
Sur mon cœur saigne encor la place
Où ton pied divin se posa.
D'attendre en pleurant il se lasse.
Avant que l'âge ne le glace,
    Reviens, Nysa !

Nysa, la saison est pareille
A celle, où, baisant tes cheveux,
Sans dire un mot à ton oreille
Je te fis de tremblants aveux.
Toutes les fleurs se sont rouvertes
Que le vent d'automne brisa.
De nids chanteurs les branches vertes,
Comme en ce temps-là, sont couvertes...
    Reviens, Nysa !

Nysa, crains que l'hiver morose
Sur nos fronts encore une fois
N'effeuille la dernière rose,
N'étouffe la dernière voix ;
Ne laisse pas s'enfuir le rêve
Dont l'aube sur nous se posa.
Le vent qui passe sur la grève
Nous dit : Aimez ! car l'heure est brève !
    Reviens, Nysa !

MADRIGAUX DANS LE GOUT ANCIEN

I

Pour deux voix.

Garde tes fleurs, gentil berger.
Je ne voudrais pas t'affliger ;
Mais d'un autre je suis l'esclave.

— Est-il donc plus tendre que moi ?
— Non.
— Te peint-il mieux son émoi ?
— Non.
— Lui crois-tu le cœur plus tendre ?

— Non. Mais un soir son chant léger
Vers moi s'en fut à tire-d'aile.
Je l'écoutai sans y songer.
Adieu ! Je te veux protéger
Du mal d'aimer une infidèle.
Garde tes fleurs, gentil berger !

II

Pour un chœur alterné.

LES JEUNES GENS

INHUMAINES qui, sans merci,
Vous raillez de notre souci,
Aimez! aimez quand on vous aime!

LES JEUNES FILLES

— Ingrats qui ne vous doutez pas
Des rêves éclos sur vos pas,
Aimez! aimez quand on vous aime!

LES JEUNES GENS

— Sachez, ô cruelles Beautés,
Que les jours d'aimer sont comptés.
Aimez! aimez quand on vous aime!

LES JEUNES FILLES

— Sachez, amoureux inconstants,
Que le bien d'aimer n'a qu'un temps.
Aimez ! aimez quand on vous aime !

ENSEMBLE

Le même destin nous poursuit
Et notre folie est la même !
C'est celle d'aimer qui nous fuit.
C'est celle de fuir qui nous aime !

III

Pour une voix.

Avec son chant doux et plaintif,
Ce ramier blanc te fait envie.
S'il te plait l'avoir pour captif,
J'irai te le chercher, Sylvie.

Mais là, près de toi, dans mon sein,
Comme ce ramier mon cœur chante.
S'il t'en plait faire le larcin,
Il sera mieux à toi, méchante !

Pour qu'il soit tel qu'un ramier blanc,
Le prisonnier que tu recèles,
Sur mon cœur, oiselet tremblant,
Pose tes mains comme deux ailes.

IV

Pour deux voix.

ENSEMBLE

Allons voir sur le lac d'argent
Descendre la lune endormie.

LUI

Le miroir des eaux est changeant
Moins que votre âme, ô mon amie.

ELLE

Rayon de lune est moins furtif
Que peine d'amant n'est légère.

LUI

Ainsi mon chant doux et plaintif
Ne te saurait toucher, bergère?

ELLE

Amour d'homme est trop exigeant.

LUI

Pitié de femme est toujours brève.

ENSEMBLE

Allons voir sur le lac d'argent
Descendre la lune en son rêve.

V

Trio.

DAMIS

Je vous aime, ingrate Sylvie!

NÉÈRE

O ma sœur, ne l'écoute pas!

SYLVIE

M'aimerez-vous jusqu'au trépas!

DAMIS

Je voudrais vous donner ma vie.

NÉÈRE

O ma sœur, ne l'écoute pas!

DAMIS

Néère, la cruelle envie!

SYLVIE

Ma sœur, t'a-t-il menti jamais?

NÉÈRE

Hélas! non! mais si tu l'aimais,
Mon amour me serait ravie!

DAMIS

Adieu Néère! Adieu Sylvie!
A Glycère je me soumets.

VI

Pour un chœur alterné.

LES JEUNES GENS

Allons boire le frais de l'onde
A l'urne penchante des monts.
Les cruelles que nous aimons
Ont fui le jour sous le bois sombre.

LES JEUNES FILLES

Allons boire le frais de l'ombre
Que verse l'épaisseur du bois.
Nos âmes, entendant nos voix,
Nous chercheront sous le bois sombre.

UNE VOIX D'HOMME

Écoutez ces rêves sans nombre.

UNE VOIX DE FEMME

Le long du chemin je les vois.

ENSEMBLE

Au pied des monts et sous les bois,
Allons boire le frais de l'ombre !

VII

Pour deux voix de femmes.

LA PREMIÈRE

Suivons le vol des papillons
Qui voltigent sur les abimes.

LA SECONDE

— Sur l'aile des aigles fuyons
Jusque vers la neige des cimes.

LA PREMIÈRE

— Abeilles, sur votre chemin,
Croissent le lis et le jasmin.

LA SECONDE

— O mouettes, votre aile blanche
Sur le gouffre des mers se penche.

ENSEMBLE

Plutôt, ma sœur, par les détours
Du grand bois où dorment les tombes,
Trouvons le chemin des colombes !
C'est là qu'on peut aimer toujours !

VIII

Pour un chœur.

Le carquois d'amour va sonnant
Le choc de ses flèches légères.
— Courez, Bergers! fuyez, Bergères!
Le carquois d'amour va sonnant.

La brise passe en bourdonnant
L'éveil des chansons bocagères.
— Chantez, Bergers! fuyez, Bergères!
La brise passe en bourdonnant.

Et Mai sourit, en revenant,
Au chant des amours passagères.
— Aimez, Bergers! fuyez, Bergères!
Mai nous sourit en revenant!

IX

Pour deux voix.

J'AIME qui m'aime ou fuis ses pas :
  Car peine ingrate ne me tente.

— Hélas ! j'ai l'âme plus constante
Et j'aime qui ne m'aime pas.

— On se fait railler à poursuivre
Qui ne vous poursuit en retour.

— Peut-être, mais il vaut mieux vivre
D'amour raillé que sans amour.

— A qui me plait si je veux plaire
J'impose, au moins, pareil tourment.

— Peine d'amour tient son salaire
Des doux maux qu'on souffre en aimant.

X

Pour une voix.

A mes pas le plus doux chemin
Mène à la porte de ma belle,
— Et, malgré qu'elle soit rebelle,
J'y veux encor passer demain.

Il est tout fleuri de jasmin
Au temps de la saison nouvelle.
— Et malgré qu'elle soit rebelle,
J'y passe, des fleurs à la main.

Pour toucher son cœur inhumain
J'y chante ma peine cruelle,
— Et, malgré qu'elle soit rebelle,
C'est pour moi le plus doux chemin !

XI

Pour une voix.

I

Quand ton sourire me surprit,
Je sentis frémir tout mon être ;
Mais ce qui domptait mon esprit,
Je ne pus d'abord le connaître.

Quand ton regard tomba sur moi,
Je sentis mon âme se fondre ;
Mais ce que serait cet émoi,
Je ne pus d'abord en répondre.

Ce qui me vainquit à jamais,
Ce fut un plus douloureux charme,
Et je n'ai su que je t'aimais
Qu'en voyant ta première larme !

11

Quand ta main tomba dans ma main,
　Je n'osai la presser qu'à peine ;
Je ne sais quel doute inhumain
Faisait déjà trembler la mienne.

Quand ton front se pencha vers moi
A peine j'y posai ma bouche.
Je ne sais quel cruel émoi
Me rendait timide et farouche.

Ah ! je sentais que désormais
La douleur entrait dans ma vie.
Car je n'ai su que je t'aimais
Qu'au jour où tu me fus ravie !

L'AME EN DEUIL

Le tombeau de George Sand.

I

Quand le soleil descend, comme un Dieu qui se couche
    Derrière les rideaux pourprés de l'horizon,
La nature, un instant, frémit et s'effarouche :
Un frisson court du front des chênes au gazon.

Le deuil de la lumière atteint toutes les choses ;
Les êtres, devant lui, se font silencieux.
L'insecte palpitant se cache au cœur des roses
Et le berger pensif interroge les cieux.

L'homme sait bien pourtant que l'aube est assurée,
Que le jour renaîtra, pris d'un divin remord,
Secouant du matin la crinière dorée,
Et que, pour être éteint, le soleil n'est pas mort !

Mais ces astres humains dont l'éclat jette aux âmes
Les espoirs immortels des cieux encor lointains,
Ces astres fraternels aux rayonnantes flammes,
Hélas ! ils sont bien morts, alors qu'ils sont éteints !

Ils sont morts à jamais ! — Ah ! quel crime s'expie,
Et de quel long forfait Dieu veut-il nous punir !
— Car l'ombre est sacrilège et la Mort est impie
De nous ravir ces feux dressés vers l'avenir !

La nuit t'a prise, ô toi qui t'appelais Aurore !
La nuit a pris ton âme amante de clarté !
Car le feu dont tu luis lentement te dévore,
O Météore humain dans l'espace jeté.

Car l'ombre est là qui veille et prend, comme une toile,
Tes ailes de lumière à ses plis captieux...
— De ton vol, dans l'azur que reste-t-il, Étoile ?
De la cendre à nos doigts et des pleurs dans nos yeux !

Laissons ces larmes fuir ! baisons cette poussière !
— La paupière brûlée et les genoux meurtris,
Pleurons celle qui fut la Gloire et la Lumière,
L'esprit dont la splendeur éclairait nos esprits !

Pleurons celle qui fut la Gloire et l'Harmonie,
La lyre frémissante aux souffles du réveil,
L'écho toujours fidèle à la plainte infinie
Qui, des choses d'en bas, monte vers le Soleil !

L'âme compatissante aux âmes éperdues
Dont la douleur confuse emplit l'humanité :
Sœur des larmes et sœur des tendresses perdues,
Pleurons celle qui fut la Gloire et la Bonté !

II

ELLE est là, — quelques pas; vous trouverez sa tombe.
 Sur un tertre fleuri des roses vont s'ouvrir;
Sur un arbre penchant se pose une colombe.
A genoux ! — C'est ici qu'elle a voulu dormir.

Elle a voulu dormir dans l'humble cimetière
Où tant d'amis obscurs l'attendaient en rêvant,
D'où tant de morts aimés, — fraternelle poussière, —
L'appelaient autrefois dans la plainte du vent.

Comme durant sa vie, après le trépas même,
Elle veille sur eux, de son lit verdoyant.
— Le sommeil est plus doux auprès de ceux qu'on aime;
— Les meilleurs d'entre nous meurent en le croyant.

Fils du Berry, la France entière vous envie
Cette noble dépouille et ce grand souvenir,
Et l'auguste déclin de cette belle vie
Que, dans vos bras pieux, elle a voulu finir!

Mieux que sous la splendeur éclatante des marbres
Qu'ouvrent les Panthéons à leurs hôtes sacrés,
Elle dort sous la cime ondoyante des arbres
Et sous la floraison magnifique des prés.

La chanson des oiseaux peut lui parler encore
De tout ce qui renaît sous le matin vermeil.
Cet agreste tombeau que le printemps décore
Est bien celui qu'il faut à son dernier sommeil.

Oh! ta place est bien là, vaillante créature,
Cœur fidèle au travail, aux choses fraternel,
Dans l'épanouissement de la grande Nature
Que rajeunit sans cesse un ferment éternel.

Tu devais bien ton être à ses métamorphoses
Dont le divin spectacle enivrait ton cerveau.
Sous ses chênes touffus, sous ses buissons de roses,
La Nature, à son tour, te devait un tombeau!

Oh! ta place est bien là dans ce beau paysage
Du Berry calme et doux, cher à ton cœur pieux :
Car la sérénité qui baignait ton visage
Te venait d'aimer tant le pays des aïeux.

Ton âme flotte encor sur la noire vallée
Que la nuit vient peupler de rêves surhumains.
J'y vois passer souvent ton image voilée,
Des étoiles au front et des lis dans les mains.

Tu parles aux souffrants, comme aux jours de ta vie,
D'une voix tendre et douce... à guérir le remord.
— Fils du Berry, la France entière vous envie
Celle qui veille encor sur vous après la Mort!

I

Il faut que, parmi vous, son image demeure,
Sentinelle debout au cœur de ce pays!
Ne souffrez pas qu'un jour, ce grand souvenir meure.
Gardez cette mémoire immortelle à vos fils.

Et, pour qu'elle leur vienne immuable et bénie,
Que le marbre ou l'airain la conserve pour eux!
— Le marbre était moins pur que ce noble génie,
L'airain chaud moins ardent que ce cœur généreux!

Qu'importe! — à la pensée obéit la matière.
Au travail, ouvriers! — nous voulons la revoir!
Ses traits puissants et doux disaient son âme entière,
C'est-à-dire l'Amour, la Bonté, le Devoir!

Ce qui remet l'honneur dans une âme abattue,
Ce qui met la pitié dans les cœurs triomphants,
Voilà ce qu'à vos fils dira cette statue :
Voilà ce qu'à la voir, apprendront vos enfants !

Ils sauront qu'en ces lieux, fut une grande vie,
Que leurs pères ont eu cet insigne bonheur
D'aimer celle qu'après, tant de gloire a suivie,
Et que La Châtre a su comprendre tant d'honneur !

Dors sous l'herbe profonde, ô grande trépassée !
Un souvenir vivant te garde parmi nous.
Au cœur de ton Berry ton image est dressée
Et tout Français qui passe y fléchit les genoux !

Souvenir de Théophile Gautier.

O maître, il ne sied pas qu'on l'omette ou l'oublie :
Avant que, par ton art sûr, la rime assouplie,
Du brasier romantique ardent et rude encor,
Comme aux doigts du vannier, courût en tresses d'or,
Et, se croisant ainsi que des rayons d'étoiles,
Tendit le ciel nouveau de lumineuses toiles
Où se prennent nos yeux dans un enchantement ;
Avant que de sertir d'astres le firmament
Où la Muse reçoit ses esclaves, — nos maîtres, —
O doux chercheur du Beau qui partout le pénètres,
Comme un bon ouvrier qui tente avant d'agir,
Tu fis, sous le pinceau, prendre corps et surgir
La nudité du rêve obscur de tes prunelles :
Et, la voyant pareille aux choses éternelles,

Digne des cieux où tout est immuable et pur,
Désertant la couleur, tu courus à l'azur
Pour y tailler, en plein infini, ta pensée.
— Il ne te resta rien de l'épreuve passée
Que la pitié sereine et douce du réel.
Car tu le savais, Toi, que l'Immatériel,
Sur les regards humains n'entr'ouvre la paupière
Qu'a celui qui tenta, sur le socle ou la pierre,
Si l'image du Beau peut tenir sous son front.
— Tu savais que, le jour où les dieux tomberont
Des cadres vermoulus et des piédestaux sombres,
Sur l'âme du rêveur se coucheront des ombres
Et que tout sera dit de ce qui seul était !
Donc tous ceux que le mal auguste tourmentait
D'éveiller les esprits endormis sous les choses,
De creuser le secret lent des métamorphoses,
Fils de Pygmalion perdus sur le chemin,
S'éclairaient aux rayons de ton art surhumain.
Jeune Dieu qui savais ce que souffrent les hommes !
— Et pour leur enseigner que le peu que nous sommes
Est le germe pourtant d'une immortalité,
De leur propre labeur dégageant la Beauté,
Au moule d'une langue impérissable et brève
Tu coulais devant eux l'or vivant de leur rêve
Et disais : c'est cela que vous avez voulu !
Ils ne le savaient bien que lorsqu'ils t'avaient lu,
Sublime redresseur des choses mal venues.
Car le spectre divin des Immortelles nues,
Longtemps avant l'azur où tu fuis loin de nous,

Habitaient d'autres yeux inflexibles et doux !
— Atlas vainqueur, enfin patient de la Terre,
Possédant le secret et la cadence austère
Des formes où revit le souvenir des dieux,
Dans le rythme poussant des mots mélodieux
Ta bouche en révélait, sans cesse, la Merveille.
— O Maitre, si tu dors, ton œuvre sacré veille,
Où tout ce qui fut Toi brille comme un flambeau,
Jeune dieu, fils de l'aube et vainqueur du tombeau !

II

A l'Absente.

L'AILE du vent nocturne a battu mon visage
 Et sur des songes noirs fermé mes yeux lassés.
Dans les rêves obscurs qui s'y sont amassés,
Mon esprit inquiet cherche encore un présage.

Car, en frappant mon front ce souffle décevant
M'apportait les parfums mortels de ton haleine,
Et ton image en deuil de langueur toute pleine
Sous ma paupière en pleurs avait passé souvent.

Comme une fleur de pourpre ouvrant ses feuilles sombres
Qu'un vol de papillons effleure obstinément,
Buvant mon âme ainsi qu'aux jours de ton serment,
Ta bouche souriait, rouge parmi les ombres.

L'angoisse m'étreignait à me faire trembler;
Aux frissons de ma chair je pressentais la tienne.
Car je ne sens en moi plus rien qui m'appartienne
Quand, du fond de l'oubli, tu daignes m'appeler.

As-tu donc murmuré mon nom triste à l'espace,
Dans la nuit qui nous peut de si loin réunir,
Sentant monter tout bas la mer du souvenir,
Qu'un tel tourment me soit venu du vent qui passe?

A l'orgueil de mon rêve énamouré des cieux,
Ta beauté surhumaine a fait une patrie.
Tourné vers l'Orient, proscrit silencieux,
Le temps n'a pas lassé la ferveur dont je prie.

Le temps n'a rien changé dans le cours de mon sang.
Les rives qu'il poursuit, tes pas les ont foulées.
Je mourrai l'œil tendu vers le soleil absent,
Et le sein grand ouvert aux brises envolées.

L'air vide et le ciel vide ont roulé sur mon front
Des matins sans fraîcheur et des nuits sans aurore.
Mon souffle et mon regard ensemble s'éteindront,
Mais vers l'astre natal ils monteront encore !

Ils iront se brûler à son flambeau vermeil
Plutôt que de mourir dans la nuit éternelle !
Ah ! pour les bien garder tout entiers au soleil,
Je veux clore ma bouche et clore ma prunelle.

Car l'aube qui jadis fit ployer mes genoux,
Luit encor sur mon front, dans sa clarté première ;
Aveugle volontaire et de son mal jaloux,
Dans mes yeux refermés j'emporte la lumière.

J'ai voulu demander ma grâce bien souvent,
Mais la terreur m'a pris de ta face superbe,
Et mes os ont tremblé comme la feuille au vent ;
Mon courage a ployé comme eût fait un brin d'herbe.

J'ai voulu confesser le crime châtié,
Et jusqu'au repentir lâchement condescendre :
J'ai pensé que les dieux ignorent la pitié,
Et détournent leurs yeux des fronts tachés de cendre.

J'ai pensé que les dieux ignorent le remords,
Que la prière insulte à leur grave pensée,
Et que les oubliés comptent parmi les morts,
Dans l'austère dessein de leur bonté lassée.

Je reste donc muet comme dans un tombeau :
Du souvenir en moi veille la lampe sombre.
J'ai la brûlure après la clarté du flambeau,
La brûlure du feu dans le froid noir de l'ombre !

Et j'attends ! Cependant qu'un monde prosterné
Boit une âme au chemin de ta beauté farouche,
J'attends qu'un rayon seul, au vide abandonné,
Descelle, en les touchant, ma paupière et ma bouche.

# L'AME EN DEUIL.

* * *

O mon unique amour, il s'en va temps que l'heure
T'apprenne la clémence ou m'apporte l'oubli.
Je souffre, l'âge passe et ta beauté demeure
Sans que ni ton orgueil ni mon feu n'aient faibli.

Tandis que, loin de nous, s'enfuit à tire-d'ailes
Maint souvenir charmant par l'absence outragé,
Mon cœur et ta beauté te sont restés fidèles.
Seuls, ici, ni ton front ni mon cœur n'ont changé.

Pour la première fois, jusques à ton oreille,
J'ose exhaler un mal en silence accepté ;
Car j'ai porté dix ans de torture pareille
Sans que rien ne me fût ni promis ni compté !

Je sens venir la mort aux glaces de mes veines,
De mes yeux incertains éteignant le flambeau.
Veux-tu donc que, chargé de mes souffrances vaines,
J'en descende meurtri jusque dans le tombeau ;

Que, troublant de mes maux leur ombre solennelle,
Je laisse aux trépassés l'heur de les apaiser ?
Ah ! si tu ne veux pas d'une plainte éternelle,
Scelle, avant le départ, ma bouche d'un baiser !

Clos d'un baiser mes yeux et d'un baiser ma bouche,
O mon unique amour, ô ma chère Beauté,
Et, sans me rappeler que tu me fus farouche,
Calme, je descendrai dans l'immortalité.

Et, sans me rappeler que tu me fus rebelle,
Je crierai, dans l'azur sur mon front déployé,
Combien je fus épris et combien tu fus belle,
Et que, m'aimant un jour, tu m'as cent fois payé

L'AME EN DEUIL.

*
* *

Cependant que la Nuit, pensive sous son voile,
Pose son pied d'argent sur le tombeau du Jour
Et d'une larme ardente allume chaque étoile,
Pleurez-vous avec elle, ô mon unique amour ?

De votre cœur brisé sentez-vous les parcelles,
Brûlant d'un dernier feu, vouloir se réunir
Et monter dans l'azur comme des étincelles
Que fouette le vent sacré du souvenir ?

Sous vos pas alanguis entendez-vous la cendre
Crier nos bonheurs morts aux cieux indifférents,
Tous les bruits de la vie à l'horizon descendre,
Et passer la lumière en rayons expirants ?

Sentez-vous, comme un lis qu'un souffle amer effleure,
Votre front se pencher vers le tombeau du Jour?
Pleurez-vous avec moi dans l'ombre où je vous pleure,
Comme la Nuit pensive, ô mon unique amour?

*
* *

Pour qu'à l'espérance il ne cède,
J'ai muré mon cœur révolté
Dans la morne fidélité
Du souvenir qui le possède.

Vers l'horizon où l'aube a lui
Pour qu'un vain rêve ne l'emporte,
Comme une inexorable porte,
J'ai fermé le passé sur lui.

J'ai dit : ma part me fut comptée
D'aimer sans en savoir mourir.
L'ombre est douce à qui veut souffrir ;
Que me ferait l'aube enchantée ?

Puisque ne peut m'être rendu
L'heur de revoir le doux visage
Qui fut ma joie et mon courage
Et que, perdant, j'ai tout perdu !

Les Fleurs de Sang.

A Théodore de Banville.

I

Sous le rayonnement plus doux des heures lentes
Dont le vol s'alourdit au poids du souvenir,
Comme un adieu d'automne à l'an qui va finir,
De mon cœur déchiré naissent des fleurs sanglantes.

Leur calice se tend vers le pâle soleil,
Comme font des mourants les rigides prunelles ;
Mon désespoir muet s'évanouit en elles
Et le sang de mon cœur monte à leur cœur vermeil,

J'enchâsserai dans l'or de la rime savante
La gouttelette rouge et figée à leur cœur,
Résolu de laisser, au son du luth vainqueur,
Se disperser mon être en leur pourpre vivante,

II

Comme les gouttes d'eau sur un roc qui se creuse,
Les heures, en tombant, ont ouvert dans mon cœur
Une lente blessure, et leur sillon vainqueur
Y serpente en chantant sa chanson douloureuse.

Comme les gouttes d'eau sur un roc qui verdit
Et de mousse légère au printemps se décore,
Les heures vont tombant et, sur mon cœur sonore,
La pâle floraison du souvenir grandit.

Des cieux à peine vus répétant le mirage,
Tendant sur l'horizon leur magique rideau,
Les heures vont tombant comme les gouttes d'eau
Sous les bois odorants quand a passé l'orage!

III

Je parcours les chemins autrefois parcourus ;
Le sol en est poudreux, les bruyères séchées.
— Pareils à des torrents par la tempête accrus,
Ils n'offrent à mes yeux que des fleurs arrachées.

Je les suis au courant des souvenirs lointains
Qui s'épanchent du ciel comme des avalanches ;
Mes regards, plus hardis que mes pas incertains,
Poursuivent dans l'azur un vol de formes blanches.

Ces chères visions m'appellent en passant ;
Pas une, de si loin, qui ne me reconnaisse !
Et quand elles ont fui, je vois fumer mon sang
Dans l'air dont les parfums énivraient ma jeunesse !

IV

Le poids des souvenirs a fléchi mes épaules,
Détourné mes regards de l'image des cieux ;
Et, penché sur le temps, comme sur l'eau les saules,
Je regarde passer mes jours silencieux.

Là fut une douleur et là fut une joie :
Un cours égal les traîne à l'abîme béant
Et ce m'est un bonheur qu'encor je les revoie,
Avant que de les suivre à l'éternel néant.

De loin toutes les deux sont égales en charmes,
Et l'heure sur mon front pose son vol moins lourd,
A voir passer des fleurs sur un ruisseau de larmes
Et la mort engloutir ce qui vient de l'amour.

V

O délices d'aimer cruelles et profondes,
Bonheurs sans trahison, ivresses sans remord,
Miel des lèvres en fleurs, parfums des têtes blondes,
Je vous ai dû la vie et je vous dois la mort.

J'ai dispersé mon être à vos folles haleines,
Vagabondes amours, et, sur votre chemin,
J'ai répandu mes jours comme des coupes pleines ;
J'ai tendu, comme un fruit, mon âme à votre main.

J'ai laissé fuir mon sang aux lèvres de qui j'aime
Et, sur son dernier flot, mon cœur va se fermer.
Ah ! qu'il soit clos, du moins, sous un baiser suprême !
Prenez, du moins, mon âme, ô délices d'aimer !

VI

A qui fit d'aimer son salaire
La vie est rude et sans merci.
— J'ai trop vécu, vivant ainsi,
Pour garder ni foi ni colère.

J'ai jeté mon cœur à l'amour,
Ainsi qu'aux bêtes une proie.
Qu'importe celle qui la broie,
Le lion fauve ou le vautour !

Qu'importe celle qui l'écrase
Sous son ongle ou sa dent de fer.
J'ai jeté mon âme à l'enfer. —
Qu'importe le feu qui l'embrase !

VI

Ne te détourne pas de la couche où je pleure,
Fantôme doux et cher de l'amour envolé :
J'ai repoussé l'oubli, cette pitié de l'heure,
Et je te suis fidèle, étant inconsolé.

Regarde, et vois ce cœur qui garde sous la cendre
Le feu des anciens jours sans cesse renaissant,
Et jusqu'au fond de toi laisse la Mort descendre
Avec la flamme obscure où brûle notre sang.

Tends ta lèvre pâlie à ma bouche scellée
Par l'éternel serment que rien n'a pu briser...
Fantôme doux et cher de l'ivresse envolée,
Ne te détourne pas et rends-moi mon baiser !

VIII

As-tu donc mesuré ton courage à ta peine,
Lâche cœur, pour gémir et t'en croire abattu?
Pour ployer sans révolte et trembler sous ta chaîne,
A ta honte as-tu donc mesuré ta vertu?

D'aimer jusqu'à la mort trop longtemps tu te leurres :
Tu sens bien que tu vis et veux encor souffrir;
N'as-tu donc plus de sang à verser, que tu pleures,
O vaincu sans honneur qui n'as pas su mourir !

Puisqu'il n'est plus permis que ton bonheur renaisse,
Jette aux vents les regrets des beaux jours révolus
Et détourne, du moins, de ta fière jeunesse,
L'affront d'aimer encor celle qui n'aime plus.

IX

Ai-je aimé ? — J'ai senti ondre sous des caresses
L'airain de mes ennuis et l'or de ma fierté.
J'ai juré sous les cieux d'immortelles tendresses
Et, quand venait la nuit, dans l'ombre sangloté.

J'ai dit : Je suis à toi ! prends mon sang, prends mon être !
Car mon sang veut couler, mon être veut souffrir ;
Ta lèvre est mon tombeau, ton caprice est mon maître :
Et je ne mentais pas ! J'étais prêt à mourir !

Notre âme est-elle donc le pain que multiplie
Le caprice d'un dieu, comme un vil aliment,
Qu'en vain nous la donnions par l'amour ennoblie,
Pour la sentir en nous renaître obstinément !

X

Des désirs sans merci j'ai lassé l'énergie
Et des rêves sans fin mesuré l'infini :
Vers l'éternel repos mon cœur se réfugie,
Comme un oiseau blessé qui cherche l'ancien nid.

Tout un monde d'absents me contemple et m'appelle.
Sans regards et sans voix, du fond noir d'un enfer,
Éveillant, dans mon sein, comme un espoir rebelle
De revivre, avec eux, le mal déjà souffert.

Vers l'ombre, sur vos pas, ma détresse s'élance,
Loin d'un monde enivré de lumière et de bruit,
Troupeau sacré des morts que garde le Silence,
Comme un berger pensif et debout dans la Nuit.

XI

Qu'aimer et que vouloir dans le temps où nous sommes,
Lorsque, d'un vol égal, le Juste et la Beauté,
S'enfuyant, pour jamais, de l'horizon des hommes,
Refusent à nos cieux leur jumelle clarté ?

Que croire et que chercher dans ce temps rude et sombre,
Où rien ne parle plus que les échos lointains,
Où, sans âme et sans voix, seuls, se croisent, dans l'ombre,
Les mondes oubliés et les astres éteints ?

Aveugle épris encor de la clarté ravie,
Brûlé pour l'Idéal d'un inutile feu,
Plein du devoir perdu, je suis, dans cette vie,
Le soldat sans patrie et le prêtre sans dieu !

XII

J'ai vu mourir ma mère et tomber ma Patrie.
Sais-je donc qui je suis et d'où je suis venu?
Je suis comme un ruisseau dont la source est tarie
Et dont un sable ardent boit le flot inconnu.

Sais-je donc où je vais pour poursuivre ma route,
Sous les soleils en flamme et les vents odieux ?
Qui pourrait de mon front chasser l'ombre et le doute?
— J'ai vu mourir ma mère et s'envoler mes dieux.

Plus que la vie, hélas! l'illusion est brève.
J'ai donné tout mon sang aux délices d'aimer.
Je n'attends ici-bas plus rien, même du rêve :
— J'ai vu mourir ma mère et le ciel se fermer!

XIII

Ah! que ne suis-je mort au seuil divin des choses,
Comme un prêtre qui tombe aux marches de l'autel !
Tout enivré d'amour, et de chants et de roses,
Ah! que ne suis-je mort, me croyant immortel !

Que m'ont appris les ans, si ce n'est la détresse
De voir l'aube s'éteindre et les fleurs se flétrir ?
Des baisers de ma mère à ceux de ma maitresse,
Que m'ont appris les ans, si ce n'est à souffrir ?

Que m'a valu de vivre en maudissant la vie,
Fils du rêve et trainant les jours comme un remord
Sur la route sanglante à regret poursuivie,
Que m'a valu de vivre en appelant la Mort !

XIV

VEILLE au seuil du néant, vain espoir de revivre,
Et console les cœurs obstinés à souffrir.
Au sommeil éternel sans merci je me livre
Et c'est bien tout entier que je prétends mourir.

Car l'âme qu'au tombeau j'aurais voulu reprendre,
Arracher à l'abime et rapporter à Dieu,
L'âme de ma jeunesse épanouie et tendre,
Large comme le ciel, pure comme le feu ;

L'âme qui fut ma gloire est partie avant l'heure,
Consumée en sa fleur par le temps et l'amour.
Ce qui reste de moi ne vaut pas qu'on le pleure
Et peut bien au cercueil descendre sans retour.

XV

Garde tes chants sacrés pour des jours moins barbares ;
Livre sans t'indigner les martyrs aux bourreaux ;
Puisque les mains du Temps, à notre siècle avares,
Couvrent d'un ciel sans dieux un monde sans héros.

Garde tes saints courroux et ton chaste délire,
Muse au front ceint de lis et de rêves lointains,
O donneuse de gloire, ô porteuse de lyre,
Toi l'arbitre et l'honneur des antiques destins.

Puisque la foule abjecte est sourde à tes colères,
Fais planer sur les fronts ton deuil silencieux.
Ne mêle plus ta voix aux clameurs populaires ;
Pleure, fille immortelle, et souviens-toi des cieux !

XVI

Comme un Atlas vaincu qui sent fléchir son dos
Et saigner, sous le faix, son épaule blessée,
La solitude, ayant envahi ma pensée,
A posé sur mon cou le plus lourd des fardeaux.

Tout un monde d'absents très chers et que je pleure
M'écrase, et, sous le poids des regrets superflus,
Je fléchis... appelant ceux-là qui ne sont plus
Et qui m'ont laissé seul bien longtemps avant l'heure.

Celui-là seulement qui n'a jamais pleuré
Peut affronter le mal de vivre avec soi-même.
C'est à deux qu'on espère et c'est à deux qu'on aime,
Et, dès que je suis seul, je suis désespéré !

XVII

Impavidum ferient ruinæ.

Tout recommençant pour finir,
  Le mal, hélas! comme le bien,
Je ne crains rien de l'avenir
Et le passé ne m'est plus rien.

Je marche, mais sans m'attarder
Au leurre des vœux superflus;
J'attends, mais sans rien demander;
Je subis, mais je ne veux plus.

Chaque jour m'apporte son heur
Que j'attends sans peur ni remord,
N'ayant de souci que l'Honneur
Et d'Espérance que la Mort!

Épilogue.

A ***.

Quand les roses seront flétries,
Quand les soleils seront éteints,
Quand les sources seront taries
Au fond des paradis lointains ;

Quand nos amours longs et fidèles,
De leur vol fatigant les airs,
Pour s'enfuir d'un même coup d'ailes
Se chercheront aux lieux déserts ;

Quand sur le deuil de toutes choses
L'Ame immortelle pleurera,
Aux soleils, aux sources, aux roses,
Seul, ton souvenir survivra.

TABLE

TABLE

LA CHANSON DES HEURES

	Pages.
Rimes viriles	5
Fantaisies célestes	39
En aimant	61
Intermèdes païens	87
Souhaits et Dédicaces	121
Vers pour être chantés	141
L'Ame en deuil	191

Achevé d'imprimer

le quatorze juin mil huit cent quatre-vingt-sept

PAR

ALPHONSE LEMERRE

(Lamoureux, *conducteur*.)

25, RUE DES GRANDS-AUGUSTINS, 25

A PARIS

PETITE BIBLIOTHÈQUE LITTÉRAIRE
(AUTEURS CONTEMPORAINS)

Volumes petit in-12 (format des Elzévirs)
imprimés sur papier vélin teinté
Chaque volume : 5 francs ou 6 francs
Chaque œuvre est ornée d'un portrait gravé à l'eau-forte

HENRI-CHARLES READ. *Poésies Posthumes.* 1 vol. . .	5 fr.
SAINTE-BEUVE. *Tableau de la poésie française* au XVIe siècle. Édition définitive précédée de la vie de SAINTE-BEUVE par JULES TROUBAT. 2 vol.	12 fr.
— Poésies complètes. *Vie, poésies et pensées de Joseph Delorme.* — *Les Consolations.* — *Pensées d'août, notes et sonnets.* — *Un dernier rêve.* — Notice par A. FRANCE. 2 vol.	12 fr.
ARMAND SILVESTRE. Poésies (1866-1872) : *Rimes neuves et vieilles.* — *Les Renaissances.* — *La Gloire du souvenir.* 1 vol.	6 fr.
JOSÉPHIN SOULARY. Œuvres poétiques (1845-1882).	
— Sonnets. 1 vol.	6 fr.
— Poèmes et Poésies. 1 vol.	6 fr.
— IIIe partie : *Les Jeux divins.* — *La Chasse aux Mouches d'or.* — *Les Rimes ironiques.* — *Un grand Homme qu'on attend.* 1 vol.	6 fr.
STENDHAL. *Le Rouge et le Noir.* 2 vol.	10 fr.
SULLY PRUDHOMME. Œuvres poétiques (1865-1879) 4 vol. Chaque vol.	6 fr.
ANDRÉ THEURIET. Poésies (1860-1874): *Le Chemin des bois.* — *Le Bleu et le Noir.* 1 vol.	6 fr.
— Nouvelles : *Bigarreau.* — *Souffrances de Claude Blouet.* — *L'Abbé Daniel.* — *La Saint-Nicolas.* 1 vol.	6 fr.
LÉON VALADE. Poésies. *Avril, Mai, Juin.* — *A mi-côte.* 1 vol.	6 fr.
Mme DESBORDES-VALMORE. Œuvres poétiques. 3 vol. Chaque vol.	6 fr.
ALFRED DE VIGNY. *Poésies.* 1 vol.	5 fr.
— *Cinq-Mars.* 2 vol.	10 fr.
— *Servitude et grandeur militaires.* 1 vol.	5 fr.
— *Stello.* 1 vol.	5 fr.
— *Journal d'un Poète* 1 vol.	5 fr.
— *Théâtre.* 2 vol. Chaque vol. . .	5 fr.

Paris. — Imp. A. Lemerre, 25, rue des Grands-Augustins.

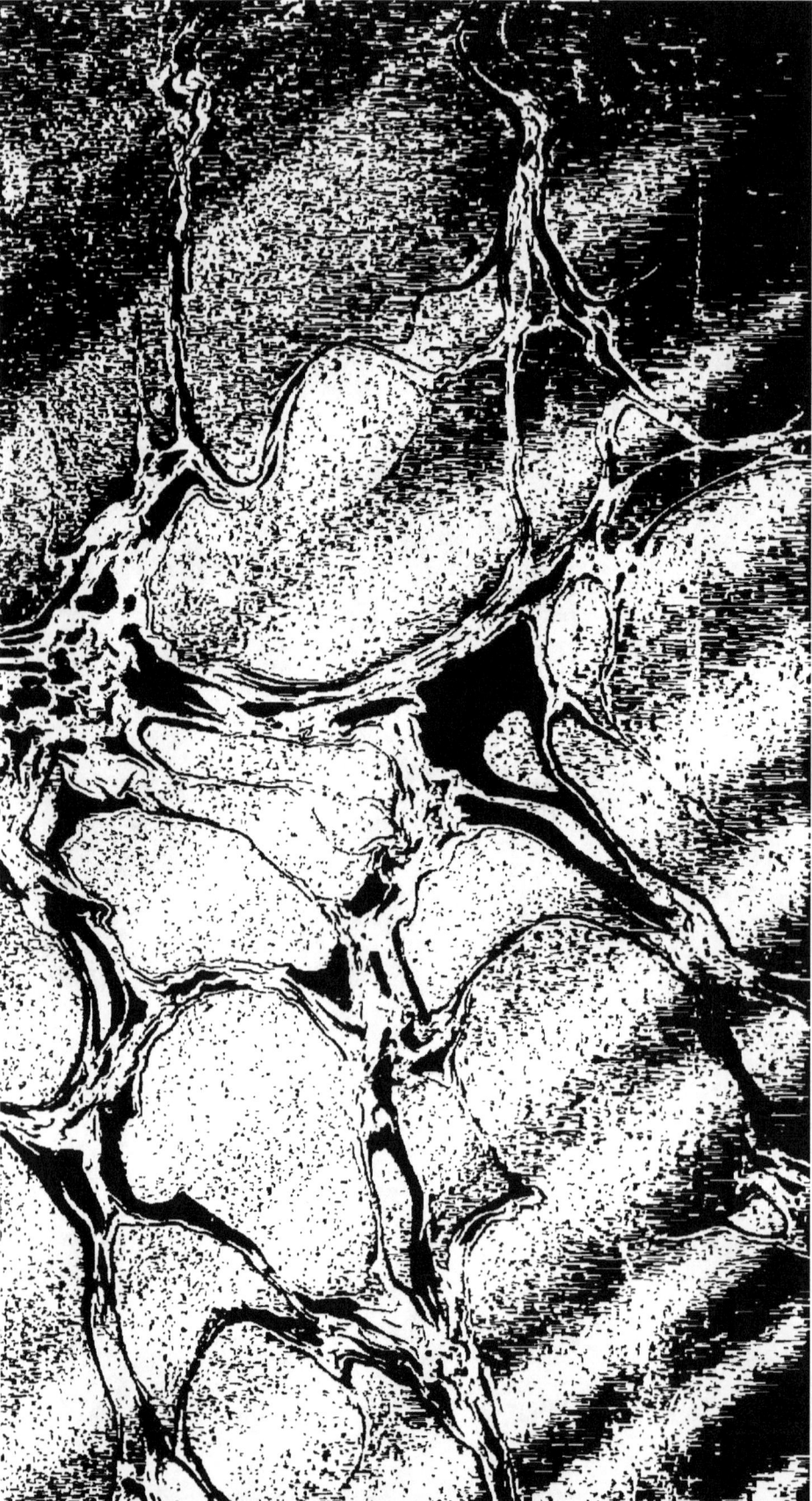

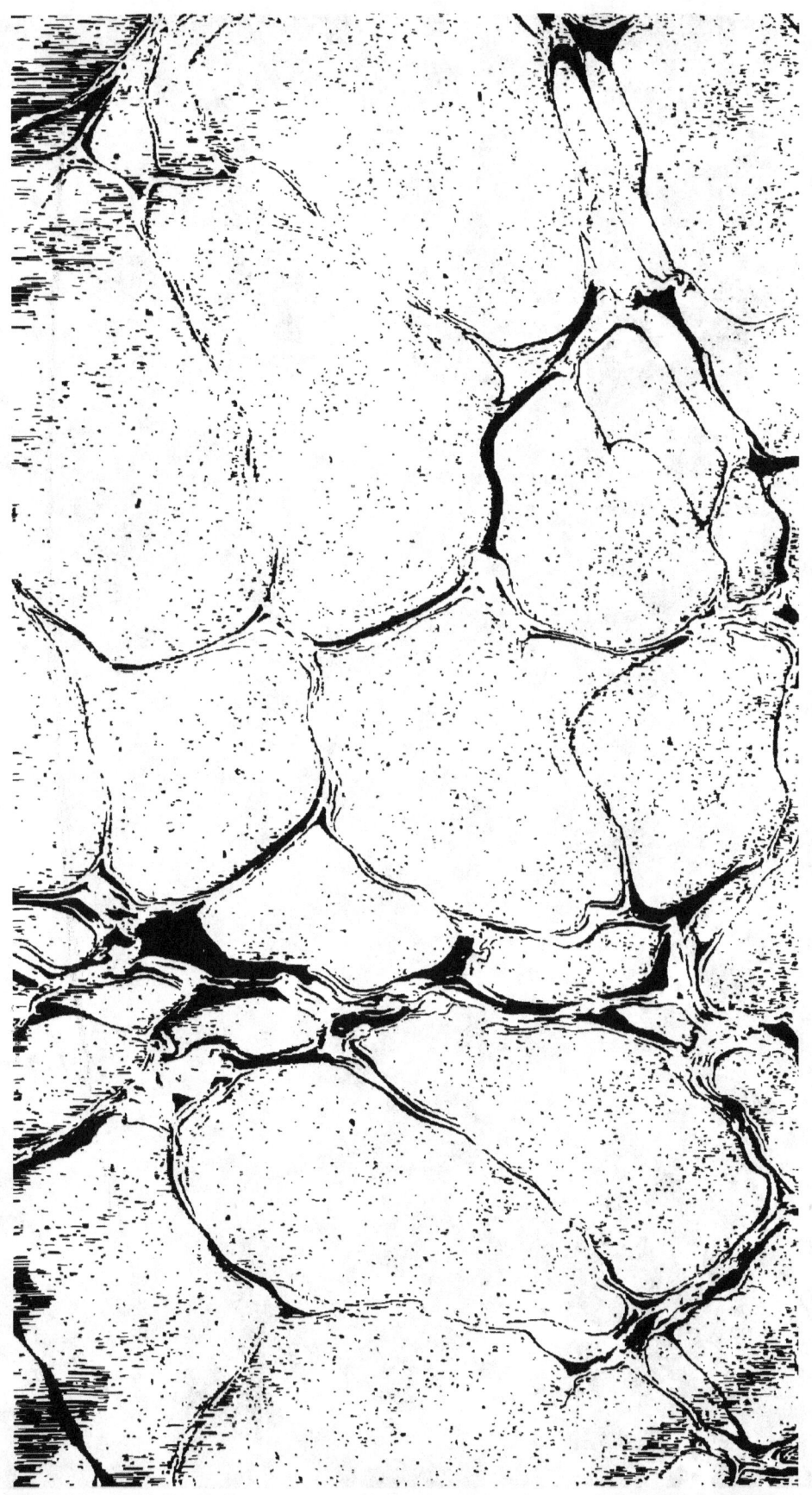

www.ingramcontent.com/pod-product-compliance
Lightning Source LLC
Chambersburg PA
CBHW070631170426
43200CB00010B/1971